让你的孩子
远离手机

著 熊颖

做一个合格

QUALIFIED
GOOD
MOTHER

MOM

好妈妈

百花洲文艺出版社

BAIHUAZHOU LITERATURE AND ART PRESS

图书在版编目(CIP)数据

让你的孩子远离手机 / 熊颖著.—南昌:百花洲文艺出版社,2020.8
(做一个合格好妈妈系列)
ISBN 978-7-5500-3772-4

Ⅰ.①让… Ⅱ.①熊… Ⅲ.①互联网络—影响—儿童—研究 ②幼儿教育—家庭教育 Ⅳ.①C913.5 ②G781

中国版本图书馆 CIP 数据核字(2020)第 125124 号

让你的孩子远离手机
熊 颖 著

出 版 人	章华荣
策 划	邹晓冬
责任编辑	黎紫薇 周 晓
封面设计	黄敏俊
制 作	胡红源
出版发行	百花洲文艺出版社
社 址	南昌市红谷滩区世贸路 898 号博能中心一期 A 座 20 楼
邮 编	330038
经 销	全国新华书店
印 刷	金华市三彩印业有限公司
开 本	710mm×1000mm 1/16 印张 6
版 次	2020 年 8 月第 1 版第 1 次印刷
字 数	67 千字
书 号	ISBN 978-7-5500-3772-4
定 价	22.00 元

赣版权登字 05-2020-92

邮购联系 0791-86895109
网 址 http://www.bhzwy.com
图书若有印装错误,影响阅读,可向承印厂联系调换。

◀ 导读 ▶

据《2018 年全国未成年人互联网使用情况研究报告》显示，截至 2018 年 7 月，我国未成年人网民数量达到 1.69 亿，未成年人互联网普及率达 93.7%。手机用户低龄化现象越来越严重，未成年人已成为网络空间最活跃的群体。有许多家长反映自家孩子存在一定的手机依赖现象，例如：遇到问题时依赖手机、有空闲时间就想玩手机、难以控制玩手机的时间，一旦开始就难以放下。

那孩子为何会沉迷手机，对手机产生依赖呢？

一方面，是手机本身的吸引力。凡是让人沉迷的东西，都很容易让人产生愉悦感。在手机提供的虚拟世界中，只需要 10 分钟就能在一局小游戏中体验成功的获得感；15 秒钟就能够在抖音中找到自我存在感。各种社交软件、游戏软件、视频软件充分满足了孩子的猎奇感、认可感和归属感，给孩子带来轻松愉悦的情绪体验。

另一方面，某些性格特征的孩子，会更容易对手机产生依赖。如以自我为中心、缺乏自尊心、性格比较被动、依赖性强、退缩型等这几类性格特质的孩子会更容易成为手机依赖者。以自我为中心的孩子多为独生子女，在家庭中处于中心地位，当他在家庭之外的环境中发现自己不再是大家关注的焦点，就容易产生挫败感，往往倾向于在手机中去获得关注。缺乏自尊心的孩子，他们对自我的认知比较低，很难从现实生活中得到认可，转而向虚拟世

界寻找,久而久之就容易迷上手机。性格被动的孩子,不喜欢主动外出与人交往,遇到挫折缺乏主动解决问题的能力,更容易依靠网络来寻求安慰。而依赖性较强的孩子,一旦那个让他感到依赖的人不在身边,他就需要找到另外一个可以依赖的东西去安抚内心的不安全感,手机就是不错的选择;退缩型的孩子和乐观型的孩子不一样,一旦遇到挫折、困难,他们的抗挫力较差,就很容易藏在网络世界里逃避现实。

此外,一些现实问题也会把孩子推向手机的深渊。

1.沉迷手机或者有网瘾的孩子,大部分都学习成绩不好。他们所处的环境也可想而知,同学不喜欢,老师不重视,家长打击责骂,会让他们处于低自尊状态,内心充满孤独感和无助感。而他们通过手机游戏、网络社交,得到别人的青睐和崇拜时,就极大满足了他们的自尊需求,进而越陷越深。

2.人际交往能力差。很多家长都将孩子的学习成绩放在第一位,忽视孩子的情商和人际交往能力的培养,导致有些孩子缺乏人际交往技能,不知如何与同伴友好相处,从而遭受别人的排挤和孤立,家长也没有给孩子提供相应的支持和帮助,孩子只好躲进手机世界寻求自己喜欢的朋友圈子。

3.家庭关系不和睦。家庭中,如果父母经常争吵或者亲子关系紧张,孩子难以体会到家庭的温暖,就容易躲进手机营造的虚拟世界来逃避父母的争吵和唠叨。

4.孩子得到的陪伴太少。人类是情感动物,天性要在与别人的互动中建立联系。然而现在很多父母忙于工作,要么把孩子交

给老人或者保姆照顾,要么直接把手机丢给孩子以免孩子影响自己工作。他们都忽略了孩子内心的情感需求。如果孩子不能和他人建立情感联系,他们就会跟能为自己带来安慰的东西建立联系。这个联结物可能是手机,可能是社交网络,可能是游戏,甚至可能是毒品。

5.家长的不良行为。有些家长自己就是"低头族",在家里玩手机的时间远远大于陪伴孩子的时间,孩子和家长之间永远都隔着一只手机。孩子经常看到父母玩手机,无法判断长时间玩手机到底是好是坏,学着父母的样子,长时间浸润在手机世界,沉迷在所难免。

作为家长,想要帮助孩子改善手机依赖的问题,记住不能把这个问题当成一个简单的不良行为去纠正,而要把这个问题变成一个系统。想要孩子改变,不仅要寻找孩子背后的心理原因,还要去认真反思当下家庭当中存在什么问题影响到了你的孩子。

手机网络成瘾,你的孩子中招了吗?

如今很多家长都非常焦虑,孩子越来越离不开手机,吃饭、走路、学习都想着玩手机。手机依赖,已经从成人世界席卷到孩子的世界。想知道自己的孩子到底是不是手机依赖症患者,需不需要进行行为干预? 妈妈们请回答,过去一年内你的孩子是否常常存在以下这些情形:

1.你的孩子花费过多时间上网,并曾向你隐瞒真正的上网时长。

A.几乎没有　　B.偶尔　　C.有时　　D.经常　　E.总是

2.你的孩子不能上网时会坐立不安、发脾气、心情不稳定。

A.几乎没有　　B.偶尔　　C.有时　　D.经常　　E.总是

3.你发现孩子总玩手机到深夜不愿意去睡觉。

A.几乎没有　　B.偶尔　　C.有时　　D.经常　　E.总是

4.你发现孩子一有空闲时间就会玩手机。

A.几乎没有　　B.偶尔　　C.有时　　D.经常　　E.总是

5.孩子总嫌玩手机时间太少,哭着吵着让他上网。

A.几乎没有　　B.偶尔　　C.有时　　D.经常　　E.总是

6.孩子停止使用手机时会产生消极情绪,并想方设法寻求上网机会。

A.几乎没有　　B.偶尔　　C.有时　　D.经常　　E.总是

7.孩子每次上网实际所花时间都比原定时间要长。

A.几乎没有　　B.偶尔　　C.有时　　D.经常　　E.总是

8.你的孩子为了上网愿意牺牲社交时间。

A.几乎没有　　B.偶尔　　C.有时　　D.经常　　E.总是

9.你的孩子因为玩手机导致视力快速下降。

A.几乎没有　　B.偶尔　　C.有时　　D.经常　　E.总是

10.孩子有时候为了上网会放弃学习和上课。

A.几乎没有　　B.偶尔　　C.有时　　D.经常　　E.总是

11.你尝试过限制孩子上网的时间,但孩子做不到。

A.几乎没有　　B.偶尔　　C.有时　　D.经常　　E.总是

以上采用5点积分,从A到E所对应的分数为1—5分。得分越高,表示手机依赖程度越高。如果你的孩子总得分在32—55分之间,那么你的孩子是手机依赖者。基于人类心理特征的复杂性,以及该测评本身的局限性,测评结果仅作参考。做评估的意义在于保持对孩子当前状况的敏感,并不断思考有哪些因素影响孩子的状态?未来怎么调整?

当你的孩子被评定为手机依赖时,也不要灰心,妈妈们可以从本书中找到有效的解决方法,进行干预,改变你的孩子对手机的依赖。

目　录

第一章　孩子爱玩手机,家长怎么办?

　　玩手机不只导致孩子视力下降,更容易造成孩子学习注意力不集中、性格孤僻等问题。童年和少年时期,正是孩子习惯和性格的重要养成期,也是孩子们健康成长、与外界接触,感知世界、认识世界的关键时期,沉溺于玩手机游戏,损害的不只是他们的身心,更可能影响他们的美好未来。

① 玩游戏让孩子过于暴力,怎么办?

案例

　　小墨的妈妈像往常一样来幼儿园接小墨回家,正巧碰上班主任李老师,李老师带着小墨妈妈到小会议室,向她反馈小墨近期在幼儿园的表现。李老师说,小墨最近这段时间经常做出暴力行为,和小朋友稍有意见就亮出拳脚,已经发生好几次这样的情况了,而且更让人意外的是,校园植物区的花草也没有逃脱小墨的"魔爪",在植物园活动时,小墨经常会对着小植物"哼哼哈嘿",已

经有好几盆植物遭到小墨的"毒手"了。小墨妈妈有点难以置信。她了解自己的儿子，他虽然好动了些，但不至于会对小朋友拳脚相加啊，更别说摧残植物了，自己和家人对孩子的教育也都是正能量的。可是老师也不至于说假话冤枉自家孩子。小墨妈妈带着心中的疑问告别老师，并承诺让小墨改天带几盆植物来幼儿园。

回家路上，小墨妈妈像往常一样和孩子聊天："最近在幼儿园是不是和小朋友打架了？"小墨立即回答："没有啊，我都是在和他们玩呢。"接着，小墨妈妈把老师反馈的事情复述给小墨听，小墨就开始转移话题，央求妈妈带他去吃冰激凌。

周末，小墨妈妈带小墨去公园玩，却发现小墨和小朋友玩着玩着就开始用手揍人，嘴里还不断说着脏话。公园事件之后，小墨"打人"事件越来越多，班主任李老师打电话向小墨妈妈投诉的次数也越来越多，其他家长因为自家孩子被小墨抓伤而向小墨妈妈理论也是常有的事情。

一天晚上，像往常一样，小墨爸爸坐在沙发上打游戏，小墨趴在旁边津津有味地看着。小墨妈妈平时看到父子俩都这么沉迷游戏，心里反而很高兴，因为儿子黏着他爸爸而不来烦她，自己可以利用这点时间做下家务，所以从来没有在意过这件事。今天她留了个心眼，联想起最近儿子的表现，便想着会不会跟父子关注的游戏有关。于是坐到旁边看了一眼，这一看可不得了了，游戏是一款对战游戏，里面有大量暴力、凶残、血腥的画面，还不断冒出爸爸队友叫骂的声音。这一幕印证了心里的担心，小墨妈妈开始紧张了。

幼儿园孩子和小朋友之间发生肢体冲突,有多种原因,比如孩子缺乏安全感和信任感,没有学会如何正确地表达情感;或者模仿家人的行为等。从案例中,我们可以发现小墨在幼儿园打人,却误认为自己在和他们玩,说明小墨没有学会正确地表达自己的情感,再者由于长期观看爸爸打游戏,长期观看暴力、血腥的游戏画面,小墨潜移默化地习惯了"打打杀杀"的世界。加之各大游戏公司为了让用户拥有更好的游戏体验,不断优化游戏中的虚拟世界场景,使之变得与真实世界无异。一个身心没有发育成熟的孩子,在没有大人正确引导的环境下长期接触这些,自然很难分辨出虚拟世界和现实世界的区别。

长期沉浸于暴力游戏的人,日常行为和生活会受到很大的影响,慢慢地,他们的语言行为中会体现出一些暴力因素,也会对一些暴力行为习以为常,将暴力正常化。纽约帕切拉亲子中心主管列昂·霍夫曼指出:如果你给男孩一根棍子,他通常会把它变成枪。

近几年来,小孩模仿电子游戏中的暴力行为的伤人事件已经屡见不鲜。在英国,电脑游戏是按照 PEGI 系统进行分级的,游戏的级别数意味着游戏适合这个年龄以上的人。比如,级别为 7 的游戏适合 7 岁及以上孩子。手机游戏、平板电脑游戏以及电脑游戏的分级系统是不一样的。像《我的世界》这个游戏是 7 级,7 岁的孩子可以玩,但是它的副产品《我的世界故事模式》却是 12 级,

就不能给 7 岁的孩子玩了。

除了电子游戏产品，家长应该也要察觉，现在市面售卖的不少玩具都带有很多暴力元素，前些年乐高人物的表情都是很可爱的，可现在很多人物的表情却都是狰狞的、凶狠的。动画片也是一样，前几年江苏有两个小孩因为模仿《喜羊羊与灰太狼》中烤羊肉串的剧情，玩"绑架烤羊"游戏，被严重烧伤。孩子的模仿能力是极强的，他们看到了喜欢的情节和行为，就总想着在现实生活中予以模仿。

小墨长期观看暴力游戏，他还没有能力分辨虚拟世界和现实世界，忙于打游戏的父亲却并没有避开孩子，或者给孩子做好讲解工作，而妈妈又没有及时发现这个问题加以引导并控制局面，这样，小墨长期沉浸在暴力游戏中，最终出现喜欢打人的行为。

妈咪魔法棒

6 岁以前是孩子社会道德规范建立的关键时期，在这一阶段，家长需要做好引导工作，帮助孩子学会正确的情绪表达方式。

1.帮助孩子增强同理心，理解他人。和你的孩子交流：如果看到有人受重伤了会是什么感受？如果自己被别人打了会是什么感觉？

可以把道理生动化，用绘本和故事的形式表达，效果会更好。比如，带着孩子进行角色扮演，让孩子身临其境地体会被"暴力攻击"是一种什么样的感受，并示范和谐相处又是一种什么样的感受，这样可以深度让孩子感同身受，提醒孩子：真正的暴力行为并

不是开玩笑,让人受伤一点也不好玩。并明确对你的孩子说:真实生活中不可以做出游戏里的行为。

2.家长多抽时间陪伴孩子,让孩子远离"血腥暴力"的电子游戏,和孩子一起玩亲子游戏或者亲子运动,丰富在家中的闲暇时间,利用好闲暇的时间,让孩子更好地成长。

小贴士

现在的社会大环境下,完全不让孩子接触电子产品和游戏是不现实的,但是家长一定要守住界限,要引导孩子合理使用电子产品,适当地玩游戏。对于孩子玩的游戏,家长要查看是否适合孩子当下的年龄,游戏内容是否健康、安全、文明,要当好把关人角色。

② 孩子寒假迷恋上"吃鸡",怎么办?

案 例

浩浩是一名六年级的学生,学习成绩一直很优秀。浩浩的父母工作比较忙,很少陪伴他,感觉愧疚,所以平时对浩浩非常溺爱,几乎有求必应。因为班上很多同学都有手机,浩浩也央求着妈妈买一部手机,于是在浩浩期末考试考取了好成绩之后,妈妈立即买了一部手机作为奖品送给他。

寒假期间,浩浩的父母忙于工作,总是出差,浩浩几乎都是一

个人在家。同学们得知浩浩有手机后,便每天约浩浩一起"吃鸡",浩浩也就每天沉迷于手游的海洋,乐不思蜀。聪明的浩浩打游戏学得快、打得好,每一次的升级让他大呼过瘾之外,同学们的追捧也让他倍感自豪。虚拟世界的成就感给浩浩带来了满满的自信,收获到同学们和网友们对他的大量关注,他开心极了。玩得开心的后果,就是寒假作业没有完成,开学后无心上课,同时因为每天放学后和同学约玩游戏占用了大量的时间,老师布置的作业经常完不成,成绩直线下降。

父母察觉到浩浩的状态后,试图制止浩浩玩手机,但是自小在溺爱中长大的浩浩是"打不得"也"骂不得",而且因为长期沉迷手机游戏,浩浩变得非常敏感暴躁,以至于爸爸妈妈不能和他谈学习,谈放下手机,一谈,浩浩就又哭又闹,这让爸爸妈妈烦心透了。

专家锐评

浩浩出现这样的情况,实属正常。

首先,孩子一直想要的东西就是手机,以前羡慕同学有,现在自己有了并且轻易地被满足。由于生理原因,孩子天生自制力薄弱且容易失控, 手机游戏带给他的刺激和新奇是源源不断的,孩子的内心对手机和游戏本就期待渴求, 游戏世界中不断的成功、升级带给他成就感,游戏场景的设计带给他无穷的新鲜感,游戏装备的酷炫是生活中不可能有的,浩浩自然就抵挡不住游戏的魅力了。

第二，父母对孩子的陪伴少，关注少。孩子的成长过程中最重要的是父母的陪伴和关注，这是孩子身心健康发展所必需的。可浩浩的父母陪伴他的时间太少了，他缺乏父母的关注，内心缺乏安全感，并很少体验到亲子陪伴间的乐趣，又总是独自在家难免孤单，所以会找一些东西和娱乐方式，打发学习之外的闲暇时间。这时候，家长给了孩子一部手机，孩子通过打游戏除了增加生活乐趣之外还收获到了很多关注，这是以往的生活没有体验过的。

第三，父母送给小学生一台手机，本来就不合适，更糟糕的是，没有和孩子约定好手机的使用方法，比如每天使用多长时间，在什么地方使用，结果，等于放纵浩浩玩手机游戏。当父母意识到问题后，却因为从小溺爱孩子，自己只能苦恼，并没有更好的办法改变现状。想要强硬处理，孩子一发脾气，父母心又软了，只能说教规劝，但显然作用不大。

最后，同伴也是对浩浩非常重要的影响因素。孩子越长大就越在乎同伴关系，当他的小伙伴们都在玩游戏而他没玩时，他们之间会没有谈资，会影响他的社交，甚至同学间会说"我都有手机了，你怎么还没有手机啊，这游戏你都玩不成了……"于是，浩浩迫切想要手机，拿到手机每天和同学一起约游戏。这也是造成浩浩沉迷手机游戏的重要原因之一。

浩浩内心也知道自己的行为不对，对比自己以前的学习成绩和现在的学习成绩，也很懊恼，却也不知所措。孩子的自制力是有限的，家长的教育方式不能很好帮助浩浩改掉这个习惯，于是，内心的纠结、焦虑让浩浩变得敏感、暴躁，不愿和爸爸妈妈提起手机

和学习方面的事情。

妈咪魔法棒

1.家长要增加在家陪伴浩浩的时间,详细了解浩浩每天的学习、生活和娱乐方式,主动和浩浩沟通喜欢玩什么游戏,并理解浩浩的心情和想法,分享自己的想法和观点。通过一段时间的沟通,亲子关系变融洽了,浩浩不再一提手机和学习就发脾气了。

2.引导浩浩多发展其他方面的兴趣爱好,丰富浩浩的课余生活和娱乐方式,如踢足球、打羽毛球、看电影、亲子阅读等。共度快乐的亲子时光,进行高质量的陪伴。这些体育活动还可以让儿子结识新的小伙伴,比如,浩浩现在周末就会和这些好朋友约着去踢足球,不再像之前一样每天约同学打游戏了。这就改变了浩浩同伴关系的结构。亲子运动、亲子阅读、亲子电影这些事情丰富了浩浩的课余生活,浩浩不再因为孤单在家而无聊,充分感受到了父母对他的关注和陪伴。

3.和浩浩共同协商手机的使用约定,家长以身作则并严格执行,在执行的过程中孩子一定会遇到困难,家长要及时关注并鼓励孩子。现在,浩浩周一到周五完成学习后可以有 30 分钟的手机娱乐时间,双休日每天有 1 小时的手机游戏时间。

小贴士

高年级段孩子的同伴关系在他们的心里越来越重要,家长要多关注孩子的同伴关系。孩子的同伴关系在哪里,孩子就往哪凑。

浩浩父母带浩浩去踢足球,就是改变浩浩同伴关系结构的良好方式。踢足球属于群体运动,容易结识朋友,群体运动趣味性也更强,这样浩浩在足球场上也有自己的同伴了,就能分散他对游戏的注意力。

③ 10 岁女儿沉迷手机漫画,怎么办?

案 例

小汐是一名 10 岁的四年级女生,之前在学校表现良好。从下学期开始,却大变样了。之前小汐由于脚伤,在家休养了 3 个月,当她脚伤好了回到班级之后,却发现融入不进群体,不管是大群体还是小群体,她都感觉自己是多余的。而妈妈每天也只顾着自

己玩手机,微信聊天、刷抖音、看淘宝直播,很少主动关心小汐在学校的情况,所以并没有察觉孩子的异样。就这样,小汐开始看电子漫画,渐渐地内心得到了安慰,她觉得没有朋友也没有什么大不了的,会有手机陪伴她,于是,她将全部注意力投入到手机漫画之中。长期地熬夜追漫画,导致小汐经常上课注意力不集中。一天,小汐上课时偷偷看手机漫画,被班主任抓包。进行批评教育后,班主任打电话将此事告知了小汐的妈妈。小汐妈妈接到老师的电话很是吃惊,纳闷一向乖巧的女儿为何会在课堂上玩手机。回到家后,妈妈生气地质问小汐,小汐面对妈妈的质问却不以为然,坐在沙发上继续看漫画,妈妈非常生气,大声训斥小汐,伸手夺过手机,并且失手打了孩子。

专家锐评

每个沉迷手机的孩子,内心都有至少一个未被满足的需求。这个需求,有可能是对家人关爱的渴望,对同伴友谊的渴望,抑或对被他人认可的渴望。

当小汐感觉融入不了他向往的集体时,孩子的内心是孤独的,同时也是亟须慰藉的。一个人内心孤独时会渴望陪伴,渴望被关注,可是同学们并不理睬她,妈妈和老师也没有及时关注到她的情况。正在这时,手机漫画的出现让小汐找到了慰藉,缓解了她的孤独感,仿佛手机漫画里的人物就是她的朋友了。

孩子沉迷手机,许多家长忧心忡忡,想方设法地想要改变现状,可是许多家长却忘记了,自己也是整天活在手机里,手机从不

离手,只顾着自己的需求,却忽略了对孩子的关心和陪伴。一旦孩子出现问题后,家长却很少反思自身的行为,只会一味地指责孩子、训斥孩子,最终的结果只会让孩子更加叛逆、抵触、排斥,按照自己的想法行事,而不理会爸爸妈妈的说教。

一方面,妈妈们应该知道,现实生活中,孩子往往把家长作为榜样,会深度模仿家长的日常行为。小汐的妈妈每天花的最多时间做的事情就是玩手机,那么小汐不可避免就会模仿妈妈的日常行为,觉得妈妈做的是对的,所以她也每天抱着手机追漫画。而另一方面,妈妈对小汐的心理变化缺少关注,孩子在脚伤期间,非常渴望得到妈妈的关心却没有得到,返校后融不进班集体,非常孤独,这些让小汐产生强烈的挫败感,从而影响正常的人际关系。然后,妈妈很少对小汐主动关心,也几乎没有去了解小汐在学校的任何情况,比如,小汐在学校里有什么开心或者不开心的事情,有没有交到新朋友等等。因此,妈妈的忽视就会让孩子觉得妈妈心里最重要的是手机而不是自己,小汐渐渐沉迷于手机漫画也就不足为奇了。

妈咪魔法棒

当孩子出现这样的情况时,作为家长,是很容易有情绪的,因为孩子的行为和之前的表现形成了明显落差。但是家长一定要冷静对待这件事情,了解孩子沉迷手机的背后原因。

1.共情倾听孩子。等孩子放学后,妈妈应调整好情绪,和女儿一起坐下来,心平气和地谈谈孩子在学校玩手机的事情,多听听

孩子的心声以及对上课玩手机的看法。同时要在孩子的内心、情感方面下功夫，和爱人一起讨论如何更好地关注孩子，让孩子感受到爸爸妈妈的关爱，满足孩子爱与被爱的需求，这样，孩子的内心就能更加丰满，不再对手机过度沉迷依赖，可以做回阳光自信的自己。

2.帮助小汐重新建立和同学之间的良好关系。可以和孩子共同商讨一些解决办法，比如，让小汐带一些新奇的东西去学校和同学一起分享，向同学请教难题;在同学需要帮助的时候，主动地伸手援助。

3.针对小汐之前的行为，父母可以和孩子一起坐下来开个家庭会议。考虑到目前小汐已经把手机当成了朋友，家长不能立即收缴小汐的手机，否则会激起孩子的逆反心。可以在这次家庭会议上针对小汐的手机娱乐时间制定规则，比如什么时间能玩，什么时间不能玩。

4.妈妈带孩子去书店买一些纸质漫画书看，帮助小汐从手机漫画中转移到纸质书中。

小贴士

根据孩子的兴趣爱好转移孩子的注意力，是很好的一种转移方法，家长们都可以实践运用。比如孩子喜欢看电子版的漫画，就可以带着孩子去书店挑选一些纸质的漫画书，孩子喜欢电子版的棋类游戏，那么父母可以在家中和孩子一起互动下棋。

④ 不让孩子玩手机，婆婆非要给怎么办？

案例

　　哈尼从小是一个安全感不足，非常需要人陪的孩子，这对家长是个不小的考验。跟中国大部分家庭一样，爸爸妈妈白天要上班，所以白天照顾哈尼的重任就落到奶奶身上。爸爸妈妈只能晚上下班回去跟小哈尼玩。爸爸妈妈比较喜欢互动式育娃，晚上下班回家喜欢跟哈尼聊天，玩小游戏。因为哈尼在一岁多的时候被诊断出眼睛散光，所以妈妈特别注意哈尼的用眼习惯，也尽量用亲子互动方式代替电子产品的使用。哈尼在妈妈耐心的引导下，很少看电视、手机，渐渐地，小哈尼的眼睛也逐渐恢复正常了。

　　但是奶奶白天的陪伴方式，让哈尼找到了看电视的"突破口"。原来，有一次哈尼哭闹，奶奶束手无策，非常着急，哄了很久都没有用。于是就打开电视转移哈尼的注意力，哈尼很快被《小猪佩奇》的故事情节吸引，奶奶"成功且

轻松"地让哈尼安静了下来。有了这一次的经历,奶奶便有了哄哈尼的法宝,哈尼便也有了看动画片的突破口。情况渐渐失控,哈尼看电视的时间越来越长,不仅仅白天爸爸妈妈去上班的时候看,就连爸爸妈妈下班后吃晚饭时,哈尼也会故伎重施,哭闹着不肯吃饭。奶奶仍然是打开电视,还振振有词地说:"这样宝宝才会吃更多的饭,长身体,看就看会儿,没关系。"

很快,哈尼的眼睛又出现了散光,妈妈带哈尼去看医生。回来路上,妈妈问哈尼:"咱们今天为什么来医院呀?刚刚接受检查的时候你害怕吗?会不会不舒服?妈妈好心疼呀,宝贝。"哈尼回答:"妈妈,我看太多电视啦,眼睛不舒服。"

回家后,妈妈跟爸爸商量,一定要让家里的教育观念达成一致,这样哈尼就不会"有机可乘",所以把跟奶奶沟通的重任交给了爸爸。在大家共同的探讨商量下,大家最终达成一致,哈尼的"电视瘾"也很快戒掉了。

专家锐评

前几天在网上看到一句话,《小猪佩奇》拯救了好多妈妈。对于这句话,很多妈妈应该都是深有体会的。当孩子闹腾一天,妈妈已经筋疲力尽时,播放《小猪佩奇》动画片真的是可以给妈妈带来安静,恢复能量。这个案例中的妈妈有着科学的育儿方式,奈何"猪队友"奶奶却成了拖后腿的人。

在哈尼的家庭中,是存在家庭教养冲突的,爸爸妈妈的教育理念、方法和奶奶的教育理念、方法相差甚远。爸爸妈妈把孩子的

健康以及对孩子的陪伴放在首位,分散哈尼看电视的时间,经常与孩子进行亲子互动。而奶奶的关注点就不一样了,奶奶不想哈尼哭,就用最快的速度安抚哈尼的情绪,让哈尼乖乖吃饭。在奶奶眼中,电视就是安抚哈尼的情绪最好最快捷的方法,可以让孩子乖乖吃饭。

当出现教养冲突的时候,我们首先要解决的是"大人之间的问题",教育观念要达成一致。案例中,妈妈将沟通的重任交给了爸爸,出于为哈尼的健康考虑,奶奶在这场"战争"中做出了妥协。为保证以后不再出现"电视哄娃"情况,避免妈妈与婆婆之间发生冲突,哈尼妈妈也须掌握与婆婆沟通的技巧,比如在肯定奶奶的辛劳和努力的同时,加上自己的建议,从而让奶奶理解自己的苦衷,来达成一致;其次,每个孩子都是聪明、机智的,家长一定要把孩子的这种聪明、机智引导到正确的事情上面。当孩子出现一些问题时,不要一味责怪阻拦,而要做出更多趣味性的引导,关注孩子本身的感受和体会,引导孩子表达出来,并且意识到自己的问题出在哪里。案例中哈尼妈妈在面对孩子"泼皮耍赖"和眼睛散光复发等问题时,没有指责、打骂,而是以话语引导的方式让孩子自己意识到问题的严重性,从而做出改变。最后,要让孩子在教育意见统一的家庭环境中健康成长。

妈咪魔法棒

家庭成员多,混合陪伴孩子时,特别需要注意的,就是要保持教育观念的一致。孩子在这种家庭环境中才能有清晰明了的规则

感。

当隔代教育冲突出现时,家长们需要先冷静下来。沟通过程中奶奶既要照顾妈妈的急切心理,妈妈也要看到奶奶的辛勤付出,再一起将孩子的健康放在第一位,以这样的方式统一教育观念。只有我们统一了教育观念,在轻松愉悦幸福的家庭氛围中,孩子才会清晰边界在哪,才会遵守规则。

跟孩子沟通的过程中,切忌以下几种语气:责怪式的"就是你看电视看多了,导致眼睛这样的",幸灾乐祸式的"电视好看吧,多看点",诅咒式的"再这样下去你的眼睛就要瞎啦",或者先见之明式的"看吧,我早就说过,你这样继续下去,眼睛肯定是不行的,下次还敢不听妈妈的话吗?"这些方式都只能让孩子看到父母的"聪明",但是心里却不认同,甚至会有逆反心理。家长要学会说出自己对孩子的关心和心疼,表达出自己的感受,而不能一味地责怪孩子。只有你的沟通方式是先说出你的感受,孩子才会说出自己的感受,你才能了解孩子真正的想法,才能对症下药。

小贴士

培养孩子的习惯需要时间,切忌急躁。在陪伴孩子的过程中,要相信孩子作为独立的个体,有着自己的思考能力。通过我们正确和恰如其分的引导,孩子肯定可以意识到问题并且会欣然接受改变。此时,我们再为孩子建立规则和边界,孩子才会乐意接受和坚持,逐渐习惯就养成了。

⑤ 孩子利用上网课时间偷玩游戏,怎么办?

案 例

　　2020年的新冠肺炎疫情导致各地大中小学及幼儿园全部停课,可是孩子们的学习不能耽误,于是全国各地如火如荼地开展线上教学,然而很多孩子的网课可把家长们给焦虑坏了。我闺蜜的儿子贝贝正上小学二年级,就在贝贝上网课的那段时间,我经常接到闺蜜的抱怨电话:"孩子根本就不认真上课,总是趁我不注意悄悄切换界面去浏览其他网页、玩游戏","他根本就坐不住,一会抠脚一会玩笔","唉,我真是看不下去,这孩子学习态度太糟糕了,这学没法上了"。那段时间,她的朋友圈发的也全是辅导孩子

学习时的心情。听了闺蜜的抱怨我不禁想，贝贝是我看着长大的，没有这么糟糕吧。贝贝平时在家习惯非常好，玩过的玩具自己都会收拾好，还会教弟弟收拾玩具，周末会去爸爸的足球队踢足球，学习成绩也一直不错。带着这个疑问，我和闺蜜聊了聊，也单独和贝贝聊了几次。这才知道，原来闺蜜不放心孩子使用平板电脑上课，担心贝贝会利用上网课的借口玩游戏，所以一有空闲就坐在一旁盯着贝贝上课。而贝贝每天拿着平板上课难免经不住诱惑，他喜欢爆裂飞车，总想看爆裂飞车的拼装视频，或者玩一些小游戏。

专家锐评

现在网络科技高速发展，大众的衣食住行已经离不开网络。网络也为孩子们创造了更便利的学习模式，线上教学可以让孩子在家就能上学。但许多家长却对网课叫苦不迭："孩子又在玩游戏了""孩子一点都不认真"……家长们的心态崩了一次又一次。

其实家长的心态是会直接影响孩子的。我的闺蜜不信任贝贝，总觉得贝贝会退出网络课堂去玩别的，她便对孩子先入为主，给孩子贴上了"会偷完游戏"的标签，孩子一旦被"标签"了，就像给商品贴上了标签，孩子就很可能使自己的行为与标签一致。家长越担心的事情孩子就越明显地表现出来，就像贝贝一样，"反正我在妈妈眼中是个爱玩游戏的孩子，那么我多玩一下与少玩一下的性质是一样的"。所以，妈妈担心的事情就一定会发生，导致最后无论她怎么盯着、防着贝贝玩游戏，都是没用的，孩子就是能找

到机会退出课程,打开游戏页面。家长一旦激起了孩子的逆反心理,就是防不胜防的。

另一方面,大家都知道孩子们一旦拿到了平板电脑是不可能轻易放下的。上网课期间,贝贝每天长时间拿着平板电脑在手里,怎能不动心呢?以前在学校上课可从来没有这么长时间接触平板电脑,对贝贝来说这可是难得的机会啊,心里一心想着他最爱的"爆裂飞车",哪还有什么心思听网课。况且在家里上课的环境和学校课堂不一样,屏幕上播放的都是录制的课程,老师也看不到孩子的状态,贝贝学习态度自然也就松散了。

学生在学校读书,老师都会规范他们的言行举止以及课堂纪律、校规班规等等。现在大多数学生都非常害怕老师,老师说的话比家长管用许多。由于现代社会大多数家里只有一个孩子,而且被一家人宠着长大,家里也几乎不会立任何家规,家也就成了孩子"撒泼"之地。闺蜜家也没有立规矩,贝贝在家里上课的环境和状态都是比较随意的,房间里杂物玩具一大堆,书桌上的学习用品也是琳琅满目,不时还有弟弟的玩闹声干扰他。妈妈心怀焦虑地总是在他耳边强调他的小动作,这些都会让贝贝焦虑不能静下心,也就控制不住自己的小动作了。

妈咪魔法棒

1.为孩子创造一个安静简单的学习环境,搬走一切不必要的杂物,简单的书桌、简单的学习用品就是最好的。环境繁杂,学习用品花样多,对孩子的学习是不利的,容易让孩子分心,破坏孩子

的专注力。

2.大大方方地和孩子交流：上课时间到了，打开平板电脑应该做什么。支持孩子课间休息时可以玩一会益智小游戏，劳逸结合。此外，不要在孩子上课的时候盯着他、防着他，鼓励孩子独立完成学习，给予孩子充分的信任。

3.对孩子的要求不要太高，并不是每个孩子都能做到板板正正听课的。像贝贝这样天性活泼好动的孩子，他可以端正坐好，但是他坚持的时间或许不能达到家长要求，家长不要以自己心里的标准去要求孩子、衡量孩子，就算按照理想标准去要求，大人也未必能做到。家长应该根据孩子的个性，因材施教引导孩子。

小贴士

和孩子事先沟通打开平板电脑后具体要做什么，可以让孩子对接下来的事情提前知晓，让孩子对接下来要做的事情有心理准备。比如上网课的时间要到了，妈妈要和孩子一起确定，网课时间打开平板电脑应该做什么，一节网课时长是多久，每节课结束后想做什么，可以做什么。这些都需提前和孩子进行一个商讨，孩子接下来就能明确自己的行为。

⑥ 孩子经常浏览不良网站,怎么办?

案 例

程科是一位 12 岁的男孩,性格比较内向、腼腆,不喜欢和人交流,做什么事情都喜欢自己一个人待在房间里,很少外出和朋友玩耍,也不爱运动,在学校也是只和少数几位比较熟悉的同学玩。爸爸妈妈平时工作很忙,根本没时间陪伴孩子,更不要说周末陪孩子出去玩,程科的一切生活起居都是由奶奶照顾。看着孩子健康长大,父母都很欣慰,但这样的欣慰并没有持续多久,就让程科的父母慌了神。

那天下午,程科和同学约着外出看电影,妈妈得空去帮孩子收拾房间,无意间看到儿子床上的平板电脑弹出了一条网站的更新提示,妈妈好奇地想知道儿子每天都在网上看什么,于是点开了那个链接。链接打开,呈现出的居然是一个色情网站,妈妈难以相信自己的儿子居然浏览色情网站,吓得赶紧把孩子爸爸叫进房间。两人查看了程科平板电脑里的历史记录,发现有很多不健康的浏览记录,甚至有一些不间断的浏览,时间已经持续很久了。程科的父母一时间被眼前的情况震惊得完全说不出话来,自己的儿子为什么会长时间在网络上浏览这些内容,孩子爸爸更是愤怒,想要打电话给程科让他赶紧回家质问他,却被妈妈拦住了。爸爸妈妈问奶奶有没有发现程科有什么不对劲的地方,奶奶只懂照顾

程科的饮食起居，也没有什么交流，哪能关注这么多呢。最后父母商量等程科回家后由妈妈单独和孩子谈谈。

程科回家后，听妈妈说到这个事情，非常生气，因为妈妈不经他同意看了他的隐私，以致妈妈和他说什么也听不进去，他把妈妈推出房间把自己锁在房间。爸爸妈妈就更加着急了，不知如何是好。

专家锐评

互联网上充斥着一些我们不希望孩子看到的东西，包括一些不属于儿童世界的色情内容以及其他面向成人的内容，我们担心孩子接触这些内容，影响身心健康，这是一个非常合理的担心。

程科的父母一时难以接受，因为他们不愿意相信孩子会做出这样的事情。但是我们要知道，程科已经12岁了，正在进入青春期，不管是心智，还是身体各方面都开始发育，慢慢趋于成熟，身体也会慢慢出现男性特征。青春期的孩子出于本能，会对异性产生兴趣，对两性关系产生好奇，想一探究竟，这样的想法在青春期孩子当中是很普遍的。他们在好奇心的驱使下，会想去看一些不适合他们这个年纪看的内容，并且由于网络的便利，他们可能很容易就得到他们想要的。再说，现在社会上的一些不良风气，导致即使我们的孩子不去主动搜寻，也会因为环境中的各种宣传而不可避免地看到一些不雅的视频和图片。

其次，孩子缺乏正确的性教育。国内目前对孩子的性教育是极其缺乏的，甚至现在还有很多人依旧谈"性"色变，学校的性教育课程不完善，老师也避而不谈，家长就更不用说。这让孩子在本该大大方方学习了解性教育的阶段，没有得到正常的教育，对自己生理和心理方面的变化也不了解，更不要说通过良性健康的方式得到两性关系方面的学习。假如一个孩子能够从正常的途径学习了解到相关的性教育知识，或者父母主动教育孩子关于异性、身体发育、两性差异等知识，那么孩子就不会通过非正常手段去探索，从而被不健康的网站影响了正常的成长和发育。

其实生活之中处处有教学，比如男同学毛茸茸的汗毛开始变得黝黑起来，女同学的胸部有些也慢慢地鼓了起来。这也是为什么家长应该及时向孩子科普相关知识，告诉他们这是正常的生理发育现象。又比如，这个年龄段的男生会因为性征变化而出现遗

精,父母应当及时告诉孩子,这是青春期的正常现象,出现了也不要紧张,并教会他如何面对。再比如女孩会来月经,也要告诉孩子,不要嘲笑女生,要保护女性的隐私,如果有同学嘲笑,要及时制止。让孩子在"性"方面有正确的认知,那么孩子就不会感到好奇了。

程科正进入青春期,日常生活起居都由奶奶照料,父母很少在家,谈不上对孩子的性教育,所以程科在这方面的知识是匮乏的,但他又是好奇的,可是没有人给他讲解普及。父母看到孩子身体方面的成长变化很欣慰,却忽略了孩子心理方面的成长。他们对孩子的性教育更是比较欠缺,所以当发现孩子有浏览黄色网站这样的行为就恼羞成怒,没有正确理性去面对,也没有思考根本原因,反思自己是否在孩子性教育方面存在不足,只能当他们发现孩子做出这类行为,才觉得为了孩子好必须直接和孩子谈。结果可想而知,孩子一方面因为自己的隐私被窥探非常生气,觉得爸爸妈妈没有尊重他——这对青春期的孩子来说非常的重要,他很在乎这个东西。另一方面,他认为父母觉得他的行为是丢人的,令人不齿的,他认为父母不理解他,也没有了解原因,故而他的逆反心理也被激起了。

类似程科同学的例子,在国内不在少数。面对青春期孩子的生理方面,作为家长应该主动去引导,可以去补充一下这方面的知识,因为遮遮掩掩,只会让孩子越发好奇。家长索性坦诚相告,孩子才会理性认知,抛却一切烦恼,轻装上阵,在成长路上越飞越高。

妈咪魔法棒

1.父母在适宜的氛围下和孩子沟通,先告诉孩子,你长大了,想要了解学习性教育知识是正确的,让孩子正视性教育,推开孩子那扇好奇的大门。但是同时,也需要告诉孩子,"这是成年人看的东西",告诉他们这些内容是一种狭隘的性爱关系,通常是侮辱女性的。这当中就要依靠家长自行组织语言。另外,孩子的爸爸可以单独和孩子交流自己当年的成长经历,说一说自己当年生长发育期的身心变化,还可以和孩子一起在网上找到正规的性教育纪录片,陪同孩子一起观看,如果孩子不想和家长一起看,也可以让孩子单独观看。

2.家长不能谈"性"色变。对孩子进行性教育是社会文明进步的体现,家长的观念也要与时俱进。和学校性教育相比,家庭性教育更加有优势,家庭是孩子进行性教育的最为理想的渠道。遇到孩子问一些有关性的问题,家长要坦然对待,性教育可以像平时聊家常一样,让孩子更好地面对性知识,告诉孩子真相,让孩子正确地了解性的基本知识,这不但能改善家庭亲子关系,还能给孩子留下美好的青春期印象,最重要的是,可以防范一些不健康信息的侵入,避免对孩子身心健康产生不良影响。

3. 孩子对两性问题出现疑问时,爸爸妈妈一定不能瞎编乱说,比如编一些"你是捡来的""你是充话费送的""你是从妈妈胳肢窝里生出来的"之类的瞎话骗孩子。一定要让孩子知道自己是爸爸和妈妈爱的结晶,如果家长遇到孩子提出的一些较为敏感、

不好回答的问题，也一定不能逃避，可以到网上买相关的书籍或者绘本，和孩子一同阅读，解除孩子心中的疑惑。

小　贴　士

当孩子接触网络后，父母可以向孩子说明，在网络中存在哪些内容，哪些是对人们有帮助的内容，哪些内容是违法、有害的。父母应抽出时间教会孩子鉴别网络信息的好与坏，引导孩子健康使用网络。

第二章 沉迷手机的孩子，一定有未被满足的需求

　　每个人都有心理需求，有的孩子在现实中得到了很好的满足，有的孩子在现实中得不到满足。孩子沉迷于电子产品有时只是一个表象，这背后，都藏着从未满足过的心理需求，这个需求可能是对家人关爱的渴望、对同伴友谊的渴望、抑或是对被重要他人认可的渴望。

① 孩子说"控制不住玩手机"，怎么回事？

案例

　　顾盛安今年 10 岁，在父母身边是个乖孩子，爸爸车祸重伤住院已两个多月，妈妈一边往返医院照顾爸爸，一边要照顾家里，对顾盛安就有所忽略了。顾盛安有很多作业是需要在小程序上完成的，以前爸爸妈妈在家都会注意控制他使用平板电脑的时间，不让他玩游戏。现在爸爸妈妈没有时间管他了，他每天完成网上作业后，便忍不住在平板上玩会儿游戏或者看会儿电影。有几次玩得连睡觉时间都忘了，妈妈十一点多到家，他还在看电影。妈妈开始和顾盛安讲道理，说："爸爸妈妈现在没时间管你了，你自己在家要听话，玩游戏是很不好的，会影响学习的，你还是个小孩子，

还不能玩游戏,不能长时间看电影……",顾盛安觉得自己做得不对,答应妈妈明天写完作业就睡觉,不玩平板了。可是到了第二天,躺在床上睡不着,他又拿起了平板电脑来玩,几天后妈妈发现盛安答应的事情没做到,就把孩子骂了一顿,盛安哭着说:"妈妈,对不起我错了,我明天一定不玩了。"妈妈第二天把奶奶请来了帮忙照顾盛安,叮嘱奶奶要看着盛安不能让他玩游戏。奶奶来了后,连续两天盛安都做得很好,完成作业后没有玩游戏,可到第三天就坚持不住了。妈妈气到想揍他了,顾盛安哭着对妈妈说:"我控制不住,我就是控制不住,就是想玩。"妈妈看到孩子这样又生气又无奈。

专家锐评

网络世界,孩子学习必须接触平板电脑,但孩子的自控力薄弱,游戏和电影就在顾盛安手中触手可得,可想而知这对他的诱惑有多大,所以他控制不住自己,也是正常的。尤其以前都是爸爸妈妈在控制他,不是孩子主动控制自己,现在突然放手让孩子自我控制,孩子自然是很难做到的。

从妈妈的态度看,她对孩子是不理解的,孩子很懂事,妈妈和孩子说过之后,孩子知道自己错了。可是妈妈并没有考虑到孩子的感受,只看结果并没有去探究原因。要解决问题,需要从根本上找到原因,再找到合适的方法去调整改变,如果不探究原因,那就容易治标不治本。

妈妈的情绪也容易影响到孩子。妈妈白天忙碌,晚上回到家

看到孩子总是不睡觉还在看电影、玩游戏，和孩子说过之后还是不改，情绪就上来了，开始骂孩子，这样的负面情绪对孩子习惯的改变不但没有任何帮助，反而会恶性循环地让孩子的坏习惯更顽固。

孩子的时间管理能力薄弱，也是非常重要的原因之一。盛安知道玩的时间到了，可是时间管理能力薄弱，做不到关掉游戏。一个时间管理能力弱的人在面对游戏的诱惑时面临的是双重考验，没有家长的介入和协助是很难做到说按时停止就按时停止的。

妈咪魔法棒

1.妈妈要充分理解孩子的心情，不对孩子发脾气，让孩子感受自己对他的理解。孩子在感受到被理解的情况下，更容易接受家长对他的引导和建议。

2.孩子是很乖巧听话的，每天写完作业才开始玩平板，那就可以适当给孩子一点玩的时间，让孩子的需求能适当得到满足。

3.妈妈可以在放手孩子自我管理的同时，赋予孩子一些家庭中的责任和担当，让孩子在写完作业的空余时间做一些其他事情，比如收拾房间，以分散孩子对平板的注意力。分散注意力是一个非常实用的方法，值得家长们实践运用。

4.教会孩子时间管理，可以通过制作提示小卡片、定闹钟、开启各个软件的青少年模式等方法，由家人协助，督促孩子进行。由父母对孩子的时间控制模式转换为孩子自我学习时间管理模式，这样不光在使用电子产品时对孩子有帮助，对孩子做其他事情也将有很大帮助。

小 贴 士

孩子是家庭重要的一分子,在家里,孩子得到很多的爱,不论是精神层面还是物质层面的需求都很容易得到最大满足。所以在家里也同样需要孩子的担当和力所能及的付出,家务活是非常好的选择,请孩子分担家务,就可以让孩子很好分散了对电子产品的注意力。

② 孩子花钱充值买"皮肤",根源是什么?

案 例

网游装备很吸引孩子,比如皮肤炫目夺人,新皮肤在游戏中比别人更好看会更有优越感, 好像自己就是游戏中最靓的仔,拿下 MVP 后酷炫的背景,就像告诉大家"我是氪金玩家,我是人民币玩家"。六年级的仕敏也是一样,从五年级开始玩"王者荣耀",刚开始就是平常简单地玩一玩。后来班上的几个同学不和他一起玩了,同学说他的游戏人物皮肤很丑,一点都不酷,"我们都有,你没有,你不配"。回家后,仕敏就开始研究挑选皮肤,准备把自己的早餐钱攒下来买皮肤。攒了一个星期,他让同学在支付宝帮他充值买了一个 28.8 元的皮肤,看起来炫酷很多,于是,同学继续和他一起玩了,仕敏也很开心。没过多久,他的同学又换皮肤了,仕敏也想换,可仕敏的父母辛辛苦苦赚钱养着家里三个孩子,所以

给孩子们的零花钱不多, 仕敏又继续把自己的早餐钱省下来,只是每天放学回家吃两三碗饭,这样下来,人都饿瘦了一圈。就这样他攒了 58.8 元,买了第二个皮肤,仕敏的英雄人物越来越好看了,吸引了很多同学。从此,仕敏爱上了换皮肤,有时候还会参加游戏抽奖,10 元一抽,偶尔能中,获得一些装备和新皮肤。

前几天, 从不玩游戏的爸爸发现自己的支付宝居然有一项 168.8 元的游戏类支出,爸爸知道仕敏喜欢打王者,就问仕敏是不是给游戏充值了,仕敏矢口否认,爸爸继续查问,仕敏就心虚地支支吾吾的答不上话,爸爸想着孩子还小,随口批评几句就算了。谁知没过多久妈妈钱包里的五百多块钱不见了,一查也是被仕敏拿去充值游戏了。

专家锐评

受当下社会大环境的影响,全民氪金打赏现象,同学们在仕敏面前的炫耀行为,以及同学对仕敏说出的那番话,都在刺激着仕敏的虚荣心。别人有的我也想要,这是人们普遍有的一种心态。但是仕敏这个年龄的孩子很难掌握这个度,就被同学的行为激起了虚荣心,自己的钱不够哪怕是饿肚子也要攒钱充值买皮肤,从而满足自己的虚荣心。

游戏设计的那些人物会因为有了新皮肤更好看,更吸引人,这便让孩子求关注的心理大大增强了。仕敏才换了两次新皮肤,同学们都愿意继续和他玩,游戏中的网友也比之前更关注他了,这让仕敏非常开心,让他找到了尊严甚至优越感。之前被同学说不配,现在仕敏感觉到自己有尊严了,所以接下来仕敏不断换新皮肤,自己的钱不够了就用爸爸的支付宝充值,从妈妈的钱包里拿钱充。

当爸爸第一次发现仕敏用自己的支付宝给游戏买皮肤后,觉得孩子还小,只是随口批评了几句,并没有引起重视,爸爸这样的态度,直接影响到孩子也不在乎,孩子本身对金钱没有太多概念,仅仅把满足自己的需求放在首位,于是,他又从妈妈的钱包里偷偷拿钱,不管父母的钱是不是很好赚,家里的经济是否紧张。

仕敏的家长平时对孩子的情况缺少关心和了解,这很不好。不论父母的工作多忙,对孩子的关心是不可以忽视的。一位多年从事网络成瘾研究的专家表示:"千万不要认为父母的责任仅是

满足孩子的物质需求,事实上亲情的交流、细腻的关爱才是最重要的。"

妈咪魔法棒

1.父母要先了解仕敏需要这些钱做什么? 用到什么地方去? 为什么要这么做? 父母先了解孩子做了什么,才能真正去了解孩子,才能找到正确的方向引导孩子。如果父母不能清楚了解孩子拿钱去做了什么,只是凭父母自己的感觉去教育孩子,对孩子起不到真正的引导作用。对孩子越了解,家长对孩子的引导才能做到更有针对性,对孩子也更有影响力。

2.父母要严肃认真地和孩子谈钱的问题,帮助孩子树立正确的价值观和金钱观。父母平时可以引导孩子学习理财,引导孩子合理规划自己的零花钱,鼓励孩子正确支配自己的零花钱。

3.父母也要学会指导孩子正确使用网络,这是保证孩子安全上网的最有效方法。此外,平时要多关心孩子的生活,及时发现孩子在生活、学习、同伴交往中发生的问题,帮助孩子在现实生活中获得成就感和快乐。

小贴士

每个人都想得到成功的喜悦,孩子也是一样,比如小朋友学会了某项技能,会骄傲地展示给小伙伴和爸爸妈妈看,这就是成就感。大家都想找到成就感,很多学生的学习成绩不好,可发现自己在打游戏方面很有天分,他们就会在游戏中找到成就感。所以

家长要重视孩子这方面的特性,引导孩子在日常生活中获得成就感和快乐,尽可能挖掘孩子在其他方面的特长,而不是任由孩子沉浸在网络游戏中寻找成就感和快乐。

③ 家有留守儿童,该不该给买手机?

案 例

刘泽出生刚满月,爸爸妈妈就去美国做生意了,刘泽从小在外婆身边长大。刘泽上幼儿园期间,妈妈每年都会回国探亲,看望他和外婆。孩子上小学后,爸爸妈妈因为生意太忙,整整四年没回国,都是外婆在陪伴他。外婆对刘泽极其溺爱,百依百顺。刘泽一年级的时候,外婆专门让刘泽妈妈从美国寄了一台平板电脑回来,给外孙看动画片,而妈妈因为不能陪伴孩子也心怀内疚,在物

质上是无条件地满足刘泽。三年级时，刘泽沉迷手游，又要求妈妈给他买一部手机，妈妈立刻从美国寄来最新款的苹果手机。刘泽得到手机之后，每天会把手机藏着带去学校，学习状态越来越糟糕，作业不交，上课也没有心思，课间也不和同学聊天嬉戏。老师把外婆找来学校，可外婆太溺爱孩子，又心疼孩子父母不在身边，嘴上答应老师回去好好教育孩子，回到家依然对刘泽百依百顺。

　　刘泽在学校的表现越来越差，经常被老师批评，加上课后不参加集体活动，班上的同学也都渐渐和他疏远了，他在学校渐渐没有了朋友。他回到家就玩游戏，作业干脆就不写了，性格也变得内向，以前放学回家会叽里呱啦和外婆说个不停，现在外婆找他说话他也是爱答不理的。这些情况远在美国的妈妈完全不知道，只是感觉刘泽这两年变得不爱说话，可爸爸妈妈以为孩子大了就是这样。

　　刘泽读完四年级，放暑假了。妈妈太思念孩子，推掉了一些生意，回国陪孩子过暑假，电话中约好了让刘泽去机场接机，可在飞机落地后只看到了外公外婆。妈妈急急赶到家，却看到刘泽把自己关在房间打游戏。妈妈问："你怎么没去机场接妈妈呢？"刘泽说："我和朋友约好了今天一起打排位赛"。听完刘泽的解释，妈妈也没有太在意，兴致勃勃地拿出从美国带回来的礼物给儿子，可他却眼皮都不抬一下。妈妈想和刘泽聊天，儿子也不理会，妈妈觉得可能是几年没见儿子，孩子对自己有点生疏了，于是加倍对儿子好。可是几天下来，妈妈观察到刘泽每天大量的时间都在房间打游戏，晚上也要玩到十一二点才睡觉，吃饭也是有一顿没一顿

地，要么就吃点零食，外公外婆对孩子的管教丝毫不起作用。妈妈尝试着努力哄着刘泽放下手机，答应带他去游乐园玩，或者用其他礼物诱惑儿子，可这些，刘泽都不为所动，和妈妈的交流只有简单的"哦""嗯""不可以"这样的敷衍和拒绝。妈妈难受极了，觉得刘泽的变化太大了，小时候活泼可爱的儿子变得陌生了！

妈妈非常非常失望，完全不能接受儿子变成这样，于是打电话给爱人商量怎么改变孩子的习惯，爸爸说："把孩子的手机没收吧！"妈妈第二天把孩子的手机收走了，这一收不得了，刘泽大哭大闹地说："你不是我妈妈，我没有妈妈。你滚回美国去！"妈妈听到刘泽的话，瞬间泪流满面，十分痛心，深刻意识到自己没有担过母亲的责任，对孩子的陪伴缺失造成了这样的后果。外婆看到母子俩闹起来，也是赶忙来护着刘泽，责怪自己的女儿。

事情发展成这个样子，可想而知，整个暑假刘泽都是不愉快的。妈妈完全不能接受孩子的现状，外婆又溺爱护短，家里每天冲突不断，外公和远在美国的爸爸也没有更好的办法。

专家锐评

刘泽的情况是比较常见的，同时，也让每位家长都能对应自己的行为进行反思。为什么爸爸妈妈都不知道刘泽的变化呢？一是父母几年没回国看孩子了，每周只是打一通视频电话。二是外婆怕女儿批评外孙，只和刘泽的妈妈说好的方面，比如孩子长高啦，孩子越来越帅啦；孩子现在喜欢什么，给孩子寄过来；等等。

刘泽刚满月时，父母就离开了，0-6岁间每年只有一小段时

间是和父母在一起的,上小学后,连续 4 年没有见到父母,每周仅仅只有一通短暂的视频电话,没有其他的交流和沟通,所以,孩子才会面对特意推掉生意回国陪自己过暑假的妈妈说"你不是我妈妈,我没有妈妈。你滚回美国去!"这样的话。妈妈也是深刻意识到了对孩子陪伴的缺失,作为刘泽母亲这个角色的失职。

外婆的溺爱也是造成现状的非常重要的因素。隔代亲有好处,但也有很多问题。比如刘泽从满月就和父母分开,父爱母爱的缺失,让外婆格外心疼外孙,所以对刘泽是加倍的宠爱,就连孩子平时的不良表现也统统包庇下来,不告诉孩子的妈妈。这样的纵容溺爱,直接导致孩子随心所欲,做事不计后果,因为外婆会帮他善后。可是,外婆能护他一辈子吗?

父母对刘泽的物质方面需求无条件的满足,其实是填补不了孩子内心的需求的,也没办法替代孩子精神层面需求的满足。孩子一天一天在长大,他需要父母的关注,需要父母的爱和温暖,外公外婆的爱是替代不了父爱母爱的。孩子需要和父母沟通交流,保持良好的亲子关系,丰富孩子的精神世界。物质方面无条件的满足也为刘泽沉迷手游提供了便利,孩子打游戏的工具(平板电脑、手机)都是妈妈从美国寄来的最新款。

妈妈这次回家不能接纳孩子的现状反而是在刺激孩子,这几年从没回来看过孩子,孩子内心是会有怨气的,妈妈现在回来了又不能接纳孩子,就很容易激发出孩子的逆反心,行为上他更加和妈妈做对,和妈妈闹情绪。这种情况下妈妈想改变孩子几乎是不现实的。

妈咪魔法棒

1.妈妈先调整自己的心态,接纳孩子的现状,妈妈心态好了才能冷静思考如何改变现状,如果只是一味地生气、后悔、懊恼,与孩子站在对立面,这样对现状的改变是没有任何帮助的。不接纳孩子等于把孩子推到更远的地方,这样下来,母子关系将更加疏离。

2.妈妈接纳孩子之后,要修复与孩子的亲子关系,因为亲子关系是最重要的,尤其刘泽和妈妈这种特殊情况,更加需要修复亲子关系。亲子关系修复后,孩子和妈妈能一点一点相互靠近,让孩子不再排斥妈妈了,亲子沟通会越来越融洽,之后,再慢慢引导孩子合理安排游戏时间。

3.和外婆沟通,先理解外婆的心情,理解外婆对孩子的爱,引导外婆要理性对待孩子的坏习惯,然后再和外婆交流如何正确地爱孩子,让外婆明白溺爱其实是在害孩子。

听了专家的建议之后,刘泽的爸爸也从美国赶了回来,刘泽父母商量带刘泽去美国,让孩子跟在自己身边生活学习。整个暑假,爸爸妈妈一边忙着办理孩子去美国的事宜,一边努力修复亲子关系。妈妈改变了和刘泽的沟通方式,有意识地增加与孩子的互动,她观察到孩子玩的游戏是团队游戏,可以多人参加,也申请加入孩子的游戏团队中,不懂的就请刘泽教她,母子俩的话题越来越多,甚至刘泽偶尔会主动聊起儿时的回忆,让妈妈感动不已;爸爸则经常带刘泽去跑步,打球。通过亲子运动,父母和刘泽的关

系有了很大的改善。外婆也尽量配合妈妈,多让妈妈陪着孩子。刘泽到美国后,爸爸妈妈再忙,也会注意放下工作陪刘泽运动,出去交朋友,这样一来,刘泽玩手机游戏的时间大大减少了,也把更多的时间放在学习上了。

小 贴 士

不论什么年龄的孩子,和他多创造共同话题,是非常好的修复亲子关系的方法,比如喜欢的运动、偶像、电视节目、游戏等等。

④ 孩子成了电视迷,家长该负哪些责任?

案 例

雪晴现在上小学一年级,爸爸在外地务工,妈妈在家里照顾雪晴和哥哥。雪晴很小的时候,妈妈干农活比较忙,不方便带着雪晴又担心她在家会乱跑,就在家里关着门开着电视,让雪晴看电视。小雪晴就这样养成了爱看电视的习惯,每天睁开眼睛第一件事就是打开电视,吃饭也要看电视。上幼儿园了,别的小朋友都是闹着要爸爸要妈妈,小雪晴却闹着要看电视。幼儿园老师发现小雪晴过度痴迷电视,哪怕是广告都看得津津有味,就提醒雪晴妈妈,可是雪晴妈妈不以为然,觉得孩子长大了,上了小学就会好的,因为雪晴的哥哥就不太喜欢看电视,他总是跑外面玩。

但是，雪晴上小学后依然像小时候一样一有时间就看电视，老师布置的作业也经常骗妈妈写完了。老师多次询问妈妈：雪晴怎么经常不完成作业。终于，妈妈意识到了问题的严重性，开始管教雪晴，让雪晴改掉沉迷电视这个坏习惯，孩子不肯关电视就打骂孩子、大声训斥孩子，或者强行关掉电视，雪晴看到妈妈强行关掉电视就躺到地上撒泼打滚，有一次在地上打滚撞到了桌腿，脚撞流血了也停不下来。妈妈头疼不已，很想戒掉雪晴的电视瘾，却只会用简单粗暴的方法，没有更好的招。

专家锐评

雪晴的问题是她缺乏和现实世界的接触。妈妈在雪晴很小的时候,因为忙农活,只考虑到孩子的安全就把雪晴关在家里看电视,可见从小陪伴雪晴最多的是电视。雪晴被关在家里,而哥哥喜欢跑外面玩,雪晴从小很少接触到其他小朋友,最亲密的玩伴也就是电视了。孩子在很小的时候就经常独自一人被关在家里,除了孤单寂寞难免会害怕,电视里有声音有画面的陪伴给她带来了不小的安全感。

幼儿园时期,老师提醒妈妈雪晴太痴迷电视了,可是妈妈并没有及时关注,每天还是任由孩子看电视。这样做就是在纵容雪晴对电视的痴迷,雪晴自然也感觉不到自己每天这样看电视有什么不对。

上小学后,妈妈终于意识到了问题的严重性,想戒掉雪晴的电视瘾,却采取了简单粗暴的方式。孩子一定是接受不了的,在雪晴的成长过程中,电视承载了她太多的寄托。妈妈想这样直接断了雪晴和电视的连接,雪晴是无论如何接受不了的,不会配合妈妈的。

妈咪魔法棒

1.引导孩子和除了电视以外的人、事、物接触,与妈妈和哥哥建立多一些的沟通交流。为了增加与雪晴的相处时间,周末妈妈

去地里干活也都带着雪晴,要雪晴帮一些小忙,带着雪晴去逛集市、去玩具店,挑选雪晴喜爱的布娃娃。每天放学,妈妈教雪晴做完作业后,让哥哥带着雪晴找邻居家小伙伴玩,或者和雪晴一起玩玩具。妈妈还从外婆家带来一只雪晴认识的小狗,交给雪晴和哥哥负责照顾。雪晴妈妈的这些做法,都可以帮助孩子从对电视的寄托中抽离出来,感受到生活中不仅仅只有电视,还有很多有趣的事物。

2.妈妈观察并确认孩子能接受这些人、事、物之后,再一点一点引导雪晴慢慢减少看电视的时间, 并及时关注雪晴的情绪状态,鼓励孩子参与到其他事物中去。如果孩子情绪不高,妈妈要安抚孩子,孩子情绪各方面状态都不错时,妈妈要认可孩子的参与。

前期很长时间,雪晴对那些并不感兴趣,玩具和娃娃买回家玩了一会就丢一边,哥哥带她出去玩时,她的心思也在电视上,甚至在邻居家看电视不参与哥哥们的游戏, 对小狗也完全不理会。一段时间之后,通过妈妈的努力和哥哥的帮助,雪晴开始关心小狗了,给小狗喂水喝,还会带着狗去地里找妈妈。有一次和妈妈说:"妈妈,我也想少看电视,可是我又不想关电视。"妈妈向专家反馈这个情况,专家老师提醒妈妈一定要多鼓励孩子,鼓励孩子渐渐地改变。

小 贴 士

如果孩子沉迷某一件不太好的事物无法自拔,家长一定要趁早介入,关心了解孩子的内心世界和想法,引导孩子多发展其他方面的兴趣爱好，尤其多安排一些和他人互动性强的活动。

⑤ 职业女性该如何平衡工作与照顾孩子？

案 例

　　李妈妈有两个孩子，一个8岁一个6岁，李妈妈是一位公司高管，工作非常忙碌，每天下班回家还要处理工作，回微信、打电话、写文件忙个不停。孩子爸爸也经常出差应酬，每个星期在家的时间很少。孩子们的衣食住行都是保姆打理，放学后，作业也是在托管中心完成，李妈妈很少有时间陪伴孩子们。以前孩子们找妈妈玩时，李妈妈总是把电视打开，或者将平板电脑扔给孩子，让孩

子们自己玩,转身继续完成自己的工作。现在李妈妈的工作调整之后,没有那么忙了,在家里工作的时间也相对减少,就想着可以多一些时间陪伴孩子们玩了,可是事实和她想的完全不一样。妈妈发现孩子们根本不需要她了,饿了找保姆,吃饱后看动画片的看动画片,玩游戏的玩游戏,妈妈喊也不搭理,妈妈想陪他们出去玩也不愿意。孩子们的视力开始下降,学习方面也很糟糕。李妈妈看到两个孩子的状态有点束手无策,纠结该怎么教育孩子放下平板电脑,想让爸爸一起帮助,可是爸爸在家的时间都很少,更别说帮忙了。

专家锐评

现如今,我们生活的方方面面都无时无刻受到高科技的影响,但是工作和家庭之间的边界也慢慢被科技带来的影响所模糊。伴随着互联网的高速发展,人手一部智能手机,24 小时联网在线,这就意味着我们随时都能被联系召唤,下班这个概念也就模糊了,失去了其真正意义。今天的快节奏时代,生活和工作都离不开互联网,虽然我们的生活更加便捷,也更加多元化,但也让我们的专注力十分分散。尤其对于父母而言,往往直接影响着家庭生活,影响着亲子陪伴。

很多家长都会在家拿起手机电脑,冠冕堂皇地解释这是工作。可是孩子并不理解,他们看到的是父母在上网,他们也已经习惯性认为父母的工作更重要。李妈妈夫妇俩连孩子们最基本的衣食住行都没有参与,孩子们习惯了保姆的照顾,自然会变得不需

要妈妈了,因为有保姆就行了,有平板电脑就行了。妈妈没有建立好和孩子之间的连接,没有满足孩子的身心发展需求,结果,孩子们最基本的生理需求是找保姆,精神上的需求可以通过玩平板电脑获得,完全不需要父母了。当初孩子们找妈妈时,妈妈顺手就将孩子打发了,现在李妈妈想走进孩子们的世界,却遭到孩子们的拒绝。

每个孩子都需要父母专注陪伴的亲子时光,当父母做到专注陪伴时,孩子的内心是能够感受得到的,感受到他在家庭中的存在感,感受到他在父母心中的分量,也同样感受到父母对他的爱和关注。当孩子主动愿意去和父母分享他在学习和生活中的一些事情时,这正是需要父母专注陪伴的时候,这个时候父母要做的仅仅是放下手中的手机,看着孩子的眼睛,竖起你的耳朵,静静倾听孩子的分享。孩子绝对不希望与你的分享被其他的事情所打扰。至于父母能够给出什么建议评价不重要,最重要的是得到了你们的专注陪伴,哪怕只有 10 分钟,也胜过敷衍地陪伴一整天。

家长的言传身教很重要,想要孩子成为什么样的人,那么家长在孩子整个成长过程中必须时刻注意自己的言行举止,不能在自己需要处理工作时就在家里机不离手却要求孩子放下平板电脑。这样的教育行为是没有任何信服力的。

妈咪魔法棒

1.家长必须减少在孩子们面前工作的时间,减少使用手机和电脑的时间,以身作则。李妈妈可以把工作搬进书房,在孩子们面

前时不工作,专心陪伴孩子,让家庭生活和工作划清界限。

2.参与到孩子生活学习中,修复亲子之间的关系,满足孩子身心发展需求。原本让保姆代劳的事情现在尽量亲力亲为,给孩子们做饭,接孩子们放学,周末带孩子去游乐园玩。让孩子感受到妈妈对他们的关注和爱,以及他们在妈妈心中的位置和分量是手机和电脑无可取代的。

3.和谐的家庭生活不能少了父亲的参与。和孩子爸爸沟通,共同努力协调工作时间,孩子们放假时安排家庭旅游,制造快乐的家庭氛围。

小 贴 士

其实说起来,很多家长朋友们都知道,在孩子面前玩手机是不合适的,对孩子有不好的影响,他们也想去专注地陪伴孩子,但是最后都事与愿违。如果家长无法控制自己,那么可以采取一些小措施来帮助自己,控制自己在孩子面前掏手机的次数。比如设置静音,给自己规划时间,减少次数,规定半小时或者一个小时看一次手机;还可以将手机放在离自己和孩子远一点的地方,让自己也静下来,好好陪伴孩子,享受亲子时光。

第三章　科学用"机",破除养育焦虑

是否应该给孩子配备手机等电子产品，家长内心或多或少存在挣扎，一则害怕影响孩子学习成绩，二则害怕长时间盯着手机屏幕破坏孩子的视力。为此，家长常常与孩子斗智斗勇，徘徊在"仓促配机"与"立即没收"之间。无论家长是因为孩子要求仓促给孩子配备手机，还是因为孩子成绩下滑、视力下降而立即没收，这些不但不能使孩子形成理性上网的规则意识，还可能引发严重的亲子冲突。

① 5岁女儿陷入社交障碍，如何科学用"机"？

案 例

5岁的筱雅，她的父母非常重视教育，他们都接受过高等教育，也希望自己唯一的孩子拥有幸福，成为最优秀的那个孩子。

筱雅两岁的时候，他们就购买了属于孩子的平板电脑，下载了大量的教育类应用程序，让孩子学习。筱雅对于这种电子产品的操作，很是熟练，与同龄人比较，她的行为很是超前。父母一直认为那些教育类软件可以帮助孩子赢在起跑线，于是，筱雅每天把大多数闲暇时间都放在了这上面，父母则利用这些时间做自己的事情。

平板电脑中的教育类软件让筱雅认识了大量的图形、数字和颜色，父母很欣慰，筱雅在平板电脑上学习非常专注，很少分心。但同时，他们发现孩子的动手能力和倾听能力变得很差，孩子大部分的闲暇时间，都是在平板电脑上进行的，一旦进入现实，进入教室，筱雅就很难适应。筱雅从小大量接触各种应用程序，习惯程序的鲜艳色彩、丰富的声音以及快速的变化，让她对于积木、乐高和串珠，无法提起兴趣，很多生活当中必不可少的社交技能和玩耍技能，她也没有学会。她不喜欢这些玩具，觉得索然无味，想象力玩耍对于她来说也显得过于复杂，她没有办法和孩子一起玩耍，也不喜欢教室里的玩具和活动。她马上就要结束幼儿园生活

了，却依旧无法适应幼儿园，适应同学，这些让她很沮丧，甚至这些负面情绪导致她通过搞破坏引起老师的注意，跟她互动。

专家锐评

很多家长以为给孩子一台平板电脑，让孩子只接触教育类软件和益智的小游戏没有问题，是对孩子非常好的学习方式，可却忽略了教育需要真实体验，教育要鼓励孩子去主动探索学习知识。电子产品的使用更多在于给孩子输送信息，让原本并不简单的学习变成不需要孩子多做思考就能获得知识。孩子经历了长期这样的学习过程，不但会限制孩子的思维能力发展，而且会框住孩子的思考空间。

家长忙于工作或家务，把孩子交付给电子产品，孩子长时间与电子产品相伴就会和社交时间相冲突，导致孩子和真实生活产生隔离，假如在有人的环境中使用电子产品，这种隔离可以得到缓冲，但在自己的封闭世界里长时间使用电子产品，孩子很容易把自己和真实世界进行隔离。孩子需要和人互动并被关注，长时间使用电子产品对孩子的社交互动、交流技能是没有任何帮助的。已经有一个很明显的现象，就是电子产品正在消耗孩子太多的时间，导致很多孩子出现了一个问题：社交能力被削弱。孩子的社交能力变弱，会对孩子的成长、社会性发展以及情绪健全造成不小的冲击，这个问题家长一定要予以重视。

此外，电子产品给孩子带来的都是被动注意，丰富的色彩、有趣的视频，接连不断地吸引着孩子的眼球。所以孩子在面对电子

产品时可以1—2个小时目不转睛地盯着屏幕。电子育儿往往会助长孩子被动注意力的发展,却缺乏主动注意力训练。所以孩子难以在课堂上集中注意力听老师讲课。

妈咪魔法棒

1.多给孩子提供别的活动机会,锻炼孩子的耐心,锻炼孩子与人交往的能力。于是,筱雅的父母开始带着她在家里尝试多种多样的互动,增加筱雅做其他事情的机会,让筱雅主动放下平板电脑。比如画画、做甜点、玩游戏、乐高、拼图、唱歌,或者在户外散步、骑车、找邻居小伙伴玩游戏等等。

2.父母和孩子一起制定使用平板电脑的计划时间表,并且及时关注孩子的执行情况,鼓励孩子,帮助孩子按计划执行。过程中孩子会出现反复现象,家长也一定要守住底线,坚持执行。

3.引导孩子通过"动手"来学习,在真实世界中探索学习更多的新知识,比如阅读时学习识字、整理物品时学习算数。用电子产品学习只是用睛眼看,缺少对学习过程的体验,筱雅的父母需要给她补上这一课。

随着父母关注和陪伴她的时间的增加、她使用电子产品的时间减少,筱雅的状态越来越好。上小学一年级了,筱雅的行为有了极大的改善,交了几位好朋友,下课一起玩,上课也能听老师讲课。

小贴士

网络上有很多生活小创意,家长可以和孩子共同在网上学习

后,再在现实中实践制作。比如在视频中学习如何利用废旧材料做小汽车,家长和孩子也可以在家收集废旧材料制作小汽车,或者参照网上的美食博主一起研究美食。

② 家庭聚会孩子问你要手机,给还是不给?

案 例

现在不论是家庭聚会还是好友聚会,如果带着孩子参加,总是可以看到一个现象:孩子们一个个低着头,手里抱着手机。王妈妈也观察到她的孩子和小侄子小侄女,在一起聚会时都会闹着家长要手机玩,可她的孩子在家里是很少吵着要手机玩的,因为王妈妈担心孩子玩多了会上瘾,所以对孩子玩平板电脑、手机的时间控制得很紧。可是聚会时孩子看到别人玩也来闹,王妈妈碍于面子不想给也给了。后来次数多了,王妈妈会在聚会前和孩子谈好不能闹着要手机,孩子倒是答应了,可是看其他孩子都在玩,孩子一开始还能坚持着只和其他小朋友一起看动画,看别的小朋友玩游戏。可是到最后孩子还是会闹着王妈妈给手机玩,聚会场合王妈妈不想孩子哭闹让自己尴尬,又不想孩子的吵闹打扰大人们聊天,旁边的家长也总是说"你就给孩子玩会儿吧,没事的,我家孩子也在玩呢",孩子一听这话反而闹得更起劲了,王妈妈没有办法,也就只好给孩子玩了。

一次又一次的经历,孩子已经掌握了王妈妈的规律了,在家

没得商量,在外面闹一闹,妈妈也就不得不给手机了。

专家锐评

　　不光公交地铁和大街上的成年低头族,未成年小低头族也不在少数,王妈妈遇到的情况,很多家长都遇到过,而且非常困扰。孩子本就被网络世界深深吸引着,看到别的小朋友在玩当然也会想玩。如果别的孩子都有而他没有,这种氛围会造成孩子的情绪低落,心情也会焦虑。

　　还有一种现象,就是在玩手机游戏的孩子是自己玩自己的,很少会和别的孩子互动做游戏。聚会的大人也光顾着自己聊天,没有时间陪孩子一起玩。这种情况下,王妈妈的孩子在这样的聚会中很难找到乐趣,觉得无聊,心里也会产生孤单感。

王妈妈在家里很有原则地坚持控制孩子平板时间,绝对说一不二,孩子也了解在家里玩手游的时间是不容商量的,在家里也就不吵不闹。可是在外面呢? 王妈妈担心孩子缠着她哭闹让场面尴尬,碍于面子只能给孩子手机。旁人的说法又让王妈妈不好意思再和孩子僵持,于是孩子就趁着这个机会缠着王妈妈吵闹要手机,屡试不爽。说明在外面王妈妈的原则并不坚定。

王妈妈意识到了这个问题,但并没有和家人朋友聚会时减少给孩子玩电子产品的时间,或是带着孩子做一些其他事情,依然是顾着聊大人们的事。孩子在这样的特定环境中,又开始故伎重施了。王妈妈只能一次又一次地妥协、烦恼,甚至想着以后的社交场合,不带孩子一起去了。

妈咪魔法棒

1.王妈妈在聚会现场要理解孩子的心情,孩子哭闹着要手机的时候,可以带着孩子去一处安静的地方,理解孩子的心情,引导孩子表达自己的情绪,再引导孩子回忆和妈妈的约定,鼓励孩子坚持下去。只要安抚好了孩子的情绪,孩子自然就不哭闹了。

2.王妈妈在下次聚会之前,除了和孩子约定好之外,还可以提前和参加聚会的大人也做沟通,大家除了聊自己的事,也要多和孩子们互动,减少给孩子们"低头"的时间。这样下来,整个聚会的氛围也会更好。

小 贴 士

聚会时,家长可以给孩子们准备一些玩具,供他们一起互动、一起玩乐,家长可以在现场引导孩子们一起玩,这就会增加孩子们参加聚会的乐趣,同时也减少孩子们玩手机的时间。不要为了大人的耳根子清净,和朋友高谈阔论,就丢部手机给孩子,让他们自由自在地在一旁玩手机。

③ 孩子想要成为职业电竞选手,该不该阻止?

案 例

每当寒暑假结束快开学时,家长们都是很开心的,可是这次开学可把嘉冕妈妈愁坏了。原本开朗自信的嘉冕不论是在家还是在学校各方面的表现都是不错的,可以说是德、智、体、美、劳全面发展,学习成绩排名一直都是班级前5名,老师都很喜欢这孩子,同学们都喜欢和他玩,寒暑假总是有同学来家找他玩。

可就是这么优秀的一个孩子,这次开学竟然闹着要休学。这么好的孩子不上学了?!父母哪能接受这个事实啊,问孩子为什么,原来是他在暑假里玩上了"王者荣耀"这个游戏,并且赛绩非常不错,在一次看游戏直播时,看到网友谈论加入职业电竞战队的事情,他非常感兴趣。他有一周持续排名进了区前100名,这是非常了不起的游戏成绩,于是,嘉冕非常自信他的游戏水平能够

加入战队，就想休学在家专门打游戏，打职业电竞比赛，提升自己的排名，最好被电竞星探发现，邀请他加入战队。

爸爸妈妈听到嘉冕的想法，非常吃惊。这么优秀的儿子暑假里每天玩游戏的时间也就一个多小时，怎么就这么沉迷游戏了？便立即打断他，告诉他这么做的危害，坚决不允许。嘉冕哪里听得进去，父母阻止得越厉害，他闹得越疯狂，最后把自己锁在房间里玩。妈妈把网断掉，他就以绝食相要挟；爸爸要没收他的手机，他就离家出走，跑去同学家住几天。短短几天，嘉冕的变化之大，把家里闹得天翻地覆，妈妈去学校寻求老师的帮助，老师也很不能理解，上门家访劝嘉冕去上学，还发动了班里几位和他关系好的同学开导他，可嘉冕都不为所动。

专家锐评

电竞比赛现在越来越多，进入公众视野的频率越来越高，之前大家都知道游戏打得好能赚很多钱，却没听说过打游戏有专业比赛。近些年电竞比赛逐渐公开，电竞行业被越来越多的人认可，2003年，电子竞技被国家体育总局列为99个体育项目之一。2018年8月29日，雅加达亚运会电竞表演项目"英雄联盟"总决赛，中国队3-1战胜韩国队夺得金牌。2018年11月，王思聪的IG战队也在一场全球性的"英雄联盟"比赛中获得冠军。许多明星也会参加一些娱乐性的电竞赛和电竞直播。真正的电竞并不会让人玩物丧志，电竞有着体育竞技精神，电竞已经成为社会主流，可以为国争光，也可以获得荣耀，电竞职业选手有专业的职业规划和管理体系。可很多家长对电竞一点都不理解，只是觉得孩子就是想打游戏。因为也的确存在这样的情况，电竞误导了许多心智不成熟的孩子，甚至成为那些孩子沉迷网络游戏的借口。

面对孩子的想法和行为，家长一味否定、打击、劝解、制止，都是孩子叛逆的催化剂，父母这样做只会让孩子更加偏执地坚持自己的想法。孩子在长大，自我意识越来越强，他明确提出自己的想法后，接收到的都是质疑的声音，就容易钻牛角尖，想坚持证明自己是对的。嘉冕和妈妈谈了自己的想法后，爸爸妈妈的举动对他是不小的刺激。一直以来，他开朗自信，德智体美劳全面发展，家长和老师在平时一定都是很支持他的，这次妈妈联合老师一起阻止他，可想而知嘉冕会怎么做。

嘉冕的父母得知孩子不去上学的原因后，立即打断孩子的话，阐述自己的观点，都没有给孩子完整表达自己想法的机会，就轻易判断孩子是玩物丧志，沉迷网络游戏，没有了解孩子是否是有规划地想要参加职业战队的事情。这让嘉冕觉得父母不理解、不了解自己，于是，有了之后的叛逆举动。

妈咪魔法棒

1.父母自己先了解电竞，了解孩子玩的游戏，了解孩子的游戏水平如何？孩子想要加入的是哪个战队？孩子出于什么原因想要参加职业电竞赛？孩子本人对电竞的认知有多少？有不了解的地方，和孩子一起上网查询，共同多了解一些电竞方面的信息。

2.如果孩子游戏打得好，就要充分认可孩子，因为游戏打得好也是孩子通过努力做到的。打游戏也是孩子日常能力的体现，认可了他这一部分的成绩，也是认可自己的孩子。因为有否定就会有排斥。家长认可孩子，孩子也会给家长沟通交流的机会，家长否定孩子，孩子就排斥家长，沟通的机会都没有，谈何引导孩子。

3. 家长和孩子共同探讨电竞职业选手的参选资格和成为电竞职业选手的利弊，很多孩子只看到那些职业选手风光的一面，却并不了解背后的辛酸。网络游戏不等于电子竞技，电竞行业门槛高，入行难。没有任何一个行业是可以轻松夺冠的，曾经有一个电竞职业选手在接受采访时说："每天平均十几个小时的训练，一个月打了三百多场排位赛。"电竞职业选手的训练是非常辛苦的，并且电竞不能打一辈子，每位电竞职业选手都是在黄金期后就要

退役。

4.孩子的理想是成为一名电竞职业选手,父母可以鼓励孩子保持对这份事业的清晰认知,并通过正常的途径加入,比如说高考填报大学里的电竞专业。现在已经有很多大学开设了电竞专业,孩子可以将通过休学打游戏等着被电竞星探发现的想法,转移到通过科学正常的途径加入职业战队上来。

5.父母不要强行阻止孩子玩游戏,要引导孩子合理安排时间玩游戏,陪伴孩子多运动,鼓励孩子多参加一些对身心发展有意义的活动。

小 贴 士

家长帮助孩子正确树立目标,先从小目标做起,把孩子未来的大目标不断细化。目标制定好之后,再与孩子探讨如何付诸努力去实现。比如说,告诉儿子,未来想当职业电竞选手,那么现在怎么做,才可以达成理想。

④ 当孩子沉迷游戏情绪失控,该不该妥协?

案 例

8岁的若麟最近几个月爱上了一款枪战游戏,自打玩上这款游戏后,妈妈三天两头接到老师的电话,反馈儿子在学校不是和老师顶嘴就是破坏课堂纪律,老师的要求也是拒不服从。

妈妈想了一下，发现儿子最近在家里也非常暴躁，很容易发火，尤其是要他关闭平板电脑或手机的时候，他甚至会出现攻击性行为。比如：他会威胁父母要零花钱；妹妹玩平板电脑时他会粗暴地抢过来，被妹妹抢回去时竟然直接打妹妹；妈妈关掉网络时，他会砸家里的东西。爸爸工作忙经常出差不在家，通常都是妈妈在家照顾孩子。有时候若麟闹得半夜也不睡觉，妈妈没办法就会拿平板电脑哄若麟睡觉，白天若麟吵着玩游戏，妈妈不给的话，他就一直拖着妈妈不放手，甚至咬妈妈的手，弄得妈妈完全没办法去做饭，每到这时，妈妈就妥协了。家里谁不合他的意他就攻击谁，情绪失控时会去砸电视、砸平板电脑。妈妈想让孩子停止这样的行为，想拒绝孩子的不合理要求，可是一看到孩子攻击家人，打砸东西就又妥协了，继续让儿子玩游戏。

专家锐评

电子产品使用时长是引发家庭冲突最多的问题,为了让孩子停止使用电子产品,家长和孩子之间爆发了一次又一次的"战争"。有很多孩子平时表现良好,可是一到要关闭电子产品的时候,他们就会情绪崩溃,大发脾气,攻击家人,甚至砸东西。让孩子关闭电子产品往往比让孩子做作业、吃饭睡觉还要难得多。

家长的言行需要保持一致。不管你采用哪一种策略,限制或监管(或不监管),必须始终一致;间歇性增强——有时候说可以,有时候说不可以,是家长最常犯的错误,这绝对会导致那些你不希望的行为更加频繁地出现。如果你拒绝孩子要求 5 分钟、10 分钟或者更长的游戏时间,孩子就不会再向你提出此类要求,因为他们知道,不管怎样你都不会点头。如果有时候同意,有时候拒绝,他们就会不停地要求更多,他们曾经成功过,就认为自己最终能够把你"磨"到同意。如果你的孩子总是拒不服从,多数原因是教育缺失一致性造成的,孩子会按照曾经被允许的状态来进行自己的行为。

妈咪魔法棒

1. 孩子玩游戏之前,家长态度坚定地和孩子协商好游戏时间,并告知孩子自己接下来会严格执行,让孩子做好心理准备,承担不遵守约定的后果——如果做不到,那么接下来妈妈就会收回

手机。在需要关机的时候,家长一定要坚持,不能退让,坚守自己的底线,提醒孩子时间到了必须关掉。即使孩子因为被迫停止游戏时出现暴力、攻击性行为,家长也一定要坚持执行,掌控局面。

2. 家长多和孩子交流,引导孩子识别那些不适合自己的内容,并且讨论游戏行为在现实中是否正确,帮助孩子分清游戏虚拟世界和现实生活的区别。在孩子玩手机时,家长应在身边陪同,为孩子做好内容把关。

3.家长平时多组织一些家庭活动,与让孩子在互动之间增进彼此之间的感情,让孩子学会与兄弟姐妹友好相处。

以案例为例,若麟妈妈可以提前与孩子约定好周末的游戏时间以及游戏类型,如果妈妈担心自己一个人的力量有限,可以邀请爸爸或者爷爷、奶奶、外公、外婆来帮忙。刚开始,若麟可能会生气发火砸东西,这时妈妈和家人们绝对不能妥协,必须在约定的游戏时间内提醒孩子 "游戏时间快到了",让孩子有一个心理准备。并时常在闲暇时间多带若麟和妹妹去野外游玩,晚上讲故事陪若麟入睡,让孩子不再有"空余时间"去玩手机。

小 贴 士

在游戏约定时间快到的时候,可以提前 5 分钟给孩子一次提醒,如果孩子没反应,可以在距离关闭游戏的前两分钟再做一次提醒,这样让孩子的心理能有一个缓冲的过程。

⑤　孩子爱追星，父母该不该阻止？

案　例

　　孩子们在小的时候喜欢看动画片，因为有自己喜欢的动画人物。孩子大一点之后呢，就喜欢追剧追星了，女生在追剧追星这方面的情况更加普遍，形形也不例外。在父母眼中，形形的全部心思都放在追剧追星上了，平板电脑下满了各个视频网站，抖音也关注的是自己的偶像王一博、肖战、易烊千玺等人，偶像们有新剧上了，形形是一定要看的，寒暑假的时候经常趁着父母睡了把平板电脑带去房间看到半夜才过瘾。她不允许有任何人说她的偶像不好，为此经常在网上的评论区和她偶像的"黑粉"吵架对骂。如果父母不给她看了，那就哭天喊地闹得不得安宁，有次吵得邻居都来敲门投诉了。形形实在没办法了，还会花钱租同学的手机藏回家看电视剧。总之，形形为了追星追剧，各种花招层出不穷，简直达到盲目追星的程度了。抖音上都是偶像的各种视频，有

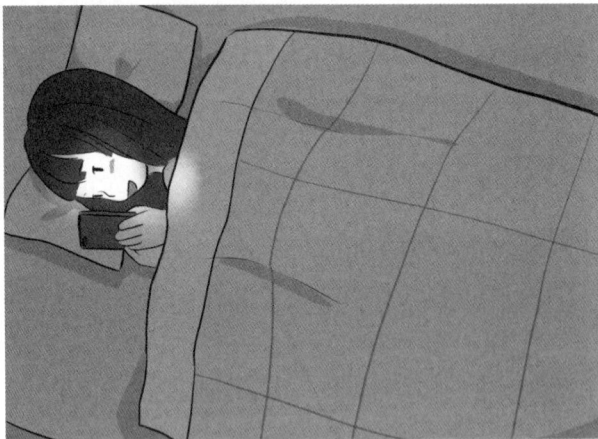

一段时间还为自己的偶像创作了剧本，上课的时候给同学看，被老师严厉批评了一番。老师找到彤彤的家长，提醒他们必须约束彤彤的追星行为，彤彤父母也感到很无奈，不知该如何引导孩子。

专家锐评

人们都是喜欢并向往美好事物，偶像明星的光鲜亮丽、相貌气质和普通人比是不一样的，是孩子们心中的神，所以孩子们追剧追星的心情是可以理解的。现实生活中的不完美、缺憾在明星和电视剧中是很难看到的，在追星族的心目中，偶像是完美的，没有缺点的，彤彤的这种追星心态很好地诠释了这一点。

偶像时代，各大媒体网站都会抓住观众的心理，大力宣传，经纪公司也是不遗余力地为偶像打造时下最受欢迎的人设，哪怕是出演真人秀都是安排好剧本的，观众喜欢什么就设计成什么样，以赚取流量。这样的社会大环境也会直接影响孩子的三观。

此外，家长对孩子追星行为的控制缺少方法，也是让彤彤发展成现在这个状态的一个原因，家长对于孩子的不恰当行为不能正确引导的话，对孩子起不到任何改变作用，还极有可能让孩子更加叛逆。不让她做的事情她偏要做，渐渐地，孩子到了青春期就更难引导了。

妈咪魔法棒

1.了解孩子的偶像，和彤彤共同讨论偶像，认可她的偶像，这样能和她创造共同话题，和孩子的共同语言多了，孩子也感受到

父母是懂得她的,孩子才会愿意听家长的建议,接受家长的建议。

2.引导孩子认清虚拟和现实,世界上没有完美的人和事,偶像的优点值得学习,同时偶像也是有缺点有不足的。电视剧都是编剧编造的,偶像也是人不是神,偶像的私生活也是和常人一样,吃饭睡觉。

3.挖掘孩子的兴趣爱好,认可孩子的兴趣爱好。赞扬彤彤创作剧本的行为,并请彤彤为家里写一些小剧本,家庭成员一起合作出演,再用抖音拍摄,发布到网络中。

4.用偶像的正能量作用,激励孩子努力学习,合理规划学习娱乐的时间。

父母经过一段时间的努力之后,彤彤每周创作一个小剧本,周末的时候和爸爸妈妈一起拍摄发到抖音上,有时候能获得很多网友的赞和关注。偶像的电视剧和节目她也能做到有节制观看,平时作业完成得早可以看 40 分钟,周末和节假日可以每天看两集。偶像的新动态彤彤也会和妈妈聊一聊。

彤彤的学习、生活状态终于逐渐恢复正常了。

小 贴 士

对于追星的孩子,切记不要否定她的行为和她的偶像,而是投其所好,抓住偶像正能量的部分,引导孩子,带动孩子改变,鼓励孩子向偶像的优点学习,而不是盲目追星。

第四章　不打不骂,让孩子把手机丢一旁

　　家庭是孩子的第一所学校,家长是孩子的第一任老师,父母的一言一行,一举一动都将对孩子产生极大的影响。如果父母管教孩子的方式方法不对,往往适得其反。想要让孩子放下手机,就要求父母在面对玩手机的孩子时,善于运用正确的方式方法,帮助孩子从手机当中"走"出来。

① "别人家的孩子"是怎么教育出来的?

案 例

现在,很多家长总爱说的一句就是"你看别人家的孩子……",我家就有一个"别人家的孩子"。洋崽是我的侄子,现在已经是一名四年级的小学生了,大家往往对孩子接触电子产品都持有恐慌的态度,我们家就非常淡定了,因为他玩游戏可以做到守时,按照约定的时间执行。

和大家分享一下侄子的经历吧。洋崽幼儿园小班的时候就接触了平板电脑,幼儿园阶段的孩子非常喜欢看动画片,洋崽也不例外,是个小动画迷。他每次来我家都会拿起平板电脑看他喜欢的动画片,孩子聪明学得快,在观察了几次我是如何帮他找动画片之后,他自己就能操作了。刚开始的时候洋崽也是看得津津有味,吃饭也舍不得关,最初我们还没太在意,一段时间后,我发现他专心看动画片的时候,对周围的事物是屏蔽的,大人叫他也不应,其他动静也吸引不了他,并且看动画片的时间越来越长。我觉察出问题后,就想和洋崽沟通,我问他:"喜欢看什么动画片?""都演了哪些精彩的故事?""为什么这么喜欢看动画片呢?""每天想看几集动画片?"这样,我就知道了他的想法,也了解了他的喜好。和他沟通之后,我和他协商每天看几集动画片,当时他的回答是"想看很多集,看5集",如果由着他看5集,时间一定是很长的,长期这样对他的身体健康一定是有影响的,于是我和他协商每次只能看两集,他也很爽快答应了。当他看完两集动画片之后,问题就出现了,没看过瘾的小情绪就来了,面对他的小情绪,我也没恼也没躁,一直陪在他身边,用他喜欢的玩具转移他的注意力,陪他一起玩,一会儿也就好了。

洋崽越长越大,会玩的游戏越来越多了,对小游戏的兴趣也是越来越浓厚,对平板电脑也越来越不舍了,并且会开始反抗,玩具也很难转移他的注意力,这时就需要调整方式了。我留意到他很喜欢看《西游记》,就邀请他当导演,由他负责安排角色,和他一起玩角色扮演,扮演西游记中的人物,上蹿下跳的也增加他的运动量,一场戏演下来,也很好地分散了他对平板电脑的注意,最重要的是给他带来了很多乐趣,由原来对平板电脑的心心念念到后

面对导演并主演《西游记》乐不可支。幼儿园期间的这一系列努力，为洋崽的好习惯打下了基础，他很自然知道玩平板电脑是有时间限制的，时间到了放下平板电脑还可以去做其他事情，同样是可以很有趣的。

专家锐评

洋崽四年级了，能一直保持这个好习惯，一定是和幼儿园那几年的经历有很大的关系，因为从小他就有了看动画片的时间，家人又允许他玩游戏，玩的时间也会和他商量达成共识。这就是理解他尊重他，而不是一味地阻止他。

洋崽的姑姑在平时和他保持沟通方面也做的很好，可以了解他的想法和喜好，陪他玩的时候能和他产生共鸣，闲暇时间也不让他感到无聊。这是非常重要的。很多家长日常和孩子的沟通总是说教型的，喜欢和孩子讲道理，陪孩子可能也是孩子玩孩子的，家长坐一旁做自己的事，很少和孩子互动玩耍，只有陪没有伴，这样很难了解到孩子的真实的想法和孩子的喜好。

边界的坚守是在帮助孩子建立习惯时必不可少的，并且在整个过程中是非常关键的部分。家长坚守边界，坚持执行就是给孩子做很好的示范，给孩子树立边界意识，不能轻易放弃，不向孩子的撒泼要赖妥协。当洋崽舍不得放下平板电脑时，家长依然坚守边界，即使他有情绪也没有妥协。当情绪出现时，家长陪伴在他身边帮助他转移情绪，转移注意力。和他的互动游戏也都是他喜欢的，有趣味的，并且适时给他主导权，如请他当《西游记》的导演，

这样他不是被动接受,参与的主动性就更强了,还能激发他更多的兴趣爱好。

洋崽到现在这个习惯依然保持得很好, 上网会自己注意时长,时间到了就关掉;上课的时候认真听老师上课,课后娱乐放松时间也会自己选择运动、看书或者玩游戏,是因为在他看来好玩的并不只是游戏,还有很多他有兴趣做的事情。

妈咪魔法棒

1.好习惯要从小建立,家长不能有"孩子还小没事的,等他大了再管"或者是"孩子大了懂事了自然就好了"这种心态,而要从孩子小的时候就可以从生活小习惯着手帮助孩子养成好习惯,这样才能让孩子自己在成长道路中受益良多。

2.家长要清晰梳理边界,并且坚持守住边界,不能随心所欲地三天打鱼两天晒网,也不能向孩子的无理取闹妥协。

3.激发孩子的其他兴趣爱好,家长和孩子一起互动,增加生活中其他兴趣爱好的趣味性,丰富孩子的闲暇时光。

小贴士

孩子的习惯要从小培养这个道理大家都懂,可是在培养习惯的过程中也需要很多小技巧, 比如低年龄段的孩子喜欢看动画片,玩小游戏。当孩子抱着手机平板电脑不放时,家长可以用转移注意力这个方法,用其他有趣的事物去吸引孩子的注意,并陪伴孩子一起玩,多一些有趣的互动。

② 当方法不奏效时，究竟该不该换？

案 例

铭哲现在上小学三年级了，每天放学到家总想玩一会儿妈妈的手机，铭哲拿到了手机就玩个不停，舍不得放下，时常连作业都忘记写了。妈妈觉得这样肯定不行，非常影响孩子的学习，尤其是看到铭哲因为玩手机忘记写作业时，非常焦虑，决定帮助孩子改掉这个"坏毛病"。于是想到一个办法：不让手机出现在孩子眼前，并要求孩子爸爸也不能把手机放在铭哲的视线范围内。

刚开始几天，铭哲看不到手机也就不玩了，可是几天之后，妈妈发现根本就藏不住，不论手机放在哪里，铭哲都能找到，还趁着妈妈不注意的时候玩。妈妈立马又想了一个办法：把家里的wifi关了，并告诉铭哲家里没网了，流量很贵不能玩了。前面两天孩子的确没玩，可是时间长了孩子哪管那么多，用流量也照样玩，妈妈交话费时着实惊呆了。期间，妈妈也意识到孩子想玩的心情是可以理解的，适当满足孩子的需求是有必要的，于是又和孩子商量每天玩手机的时间安排。孩子答应了每天写完作业玩半小时，执行到第三天就坚持不住了，总是玩到超时，有几次玩到晚上10点多了还放不下，妈妈就立即停止了这个方法。

妈妈总向身边同龄孩子的家长请教好的方法，可以说妈妈用了许多方法，但是每一个方法都是暂时性的，一发现孩子没有按

要求做到,就立即换另一个方法。

专家锐评

铭哲妈妈的焦虑我们能理解。每位妈妈都希望孩子能养成好习惯,专心学习,所以铭哲妈妈不断尝试新方法帮助孩子改掉"坏毛病"。可是尝试了这么多方法为何都没有效果呢?

首先,观察一下妈妈用每一种方法的情况,都是"三分钟热度"。执行的前期孩子配合做到了就坚持,孩子一没配合做到就立即换新方法。这样做是不能帮助孩子建立习惯的,因为孩子习惯的改变是需要时间适应的,孩子前两天做到了,后面又做不到,这是孩子正常的反复现象。如果在孩子反复期间妈妈不鼓励孩子,不为孩子加油,而是更换新方法,这就是给孩子做了错误的示范:今后妈妈不论和孩子讨论什么,孩子都会觉得妈妈也就这么几天的兴致。

其次,妈妈的行为在孩子心里会觉得妈妈是在想方设法不让他玩,孩子在这种心理状态的带动下,直接影响到行为,不论怎么样都要玩,因为担心下次就没得玩了,有机会玩的时候一定要玩个够、玩个痛快。所以妈妈防不胜防,哪怕是把手机藏起来了都能被铭哲找到。

此外,妈妈意识到要适当满足孩子的需求,于是和孩子协商约定每天玩的时间,却在执行的第三天孩子超时后就放弃了。孩子说到做到的前提是家长说到做到,说好每天写完作业玩半小时,先不论孩子是否做到,家长是应该坚持的,这样才能给孩子树

立榜样,孩子就会兑现承诺,半小时到了把手机还给妈妈。而不是孩子没做到就责怪孩子不守信用后,立刻取消约定。

妈咪魔法棒

1.妈妈在给孩子建立习惯时切忌"三分钟热度",要给孩子适应的时间过程,在孩子坚持做到的时候充分认可孩子,这样会让孩子有信心坚持,有动力坚持,因为孩子努力坚持的过程被妈妈看见了、认可了。妈妈这么做之后,铭哲主动请妈妈帮助自己改掉"坏毛病",对妈妈的配合度也越来越高了。

2.妈妈向孩子直接表明妈妈这么做是为什么。先申明妈妈对孩子的理解,妈妈并不是不让铭哲玩,他是可以有专门玩手机的时间的;其次要告诉铭哲如果他继续这样因为玩手机时常忘记写作业会造成什么后果,对学习有哪些影响和妈妈对此的担忧。除了理解孩子,家长表达自己的想法也是非常重要的。

3.妈妈和铭哲共同协商,选择继续每天给他玩半小时手机的时间,并且妈妈必须坚持做到属于自己该做的部分,孩子玩的时间到了把手机给孩子。在妈妈的影响下,铭哲一定做到时间到了把手机还给妈妈。

小贴士

铭哲家庭的情况反映出家长在焦虑情绪下,不能冷静思考怎么做才能帮助孩子改变习惯。需要提醒家长的是,不论什么时候请沉住气,冷静思考,切勿"病急乱投医",坚持才能看到胜利曙光，找到适合孩子的方法才能帮助孩子建立好习惯。

③ 学会沟通，帮助孩子从根源戒除手机瘾

案例

　　王俊是初中二年级学生，只要在家里，任何时间他都是手机不离手，无论上厕所、吃饭、写作业还是睡觉。早上睁开眼就是打开手机的"王者荣耀"APP。王妈妈说，孩子小学时成绩在班级数一数二，奖状也拿过不少，自从上初中后，随着科目的难度增加，孩子在学习上遇到了困难，成绩大不如前，之后王俊开始玩这款游戏，成绩更是一落千丈，甚至学都不愿意上了。妈妈为此非常焦虑，面对玩手机的王俊总是控制不住自己的情绪，每次看到王俊

玩手机都会数落和制止，"你成绩都那么差了，还整天就知道玩手机""你再玩眼睛都要瞎了""我和你说了多少次了，你听见没有！"面对妈妈的数落，王俊从不理会，烦了就关门躲进房间，每当这时，生气的王妈妈都控制不住情绪地与儿子抢夺手机，为此没少大打出手。

专家锐评

家长总是因为孩子沉迷手机而头痛不已，一则害怕其影响孩子学习成绩，二则害怕孩子长时间盯着手机屏幕破坏视力。为此常常与孩子斗智斗勇，孩子小的时候还比较好控制，长大了想要控制孩子使用手机简直比登天还难。而且管教的方式方法不对，往往适得其反。想要让孩子放下手机，请首先改变我们和孩子的相处方式。

首先，学会闭嘴。通常家长在着急上火后，喋喋不休的唠叨就会随之而来。青春期的孩子自我意识高涨，喜欢独立自主，一旦你开始唠叨、埋怨、数落、外带一些羞辱，你们的亲子关系很快就会出现问题，进入斗争状态，或者是循环报复。最后你会发现，越是禁止孩子玩手机，他越是玩得凶。妈妈之所以与王俊屡屡发生冲突，就是因为每当看见王俊玩手机，莫名的恐惧和焦虑会充斥她的大脑，这时妈妈一般会出现比较过激的言行，而这样的情绪是王俊不能接受的。那么，在这里我们要明白一个道理，人一旦情绪过激时，表现出的言语行为是难以受大脑管控的。

其次，学会理解孩子。当学会闭嘴后，我们要做的就是理解孩

子。每个问题的发生背后总有些耐人寻味的原因。我们看到孩子的问题,如孩子不写作业了,总是玩手机,其实都是表面问题,这些表面现象背后的问题才是症结所在。很多孩子沉迷游戏,是因为他们在游戏中容易获得成就感和快感。孩子在游戏中的每一次行动,都会获得及时的反馈和回应,他的每一次胜利都会有奖励来给予强化。游戏会将一个艰巨的任务拆分成许多小目标、小阶段,通过不断获得小小胜利,最终孩子将体会到完成一个巨大目标的成就感。孩子在游戏中因此收获了信心。同时,他在游戏中也会找到许多朋友,这些朋友不会因为他成绩差而看不起他,而是会与他有很多共同语言,会在游戏中交流技术并相互支持,这也带给他一种归属感。

妈咪魔法棒

1. 面对沉迷手机的孩子,我们第一步就是控制好自己的情绪,学会适时闭嘴。写情绪管理日记是家长们很好缓解焦虑的办法。比如,当我们看到孩子正在玩游戏或者刷抖音时,如果很想发火,就可以在情绪日记本上记录。记录内容,事实是什么、当时情绪怎样、建设性想法是什么,以及怎么去开始建设性的行动。父母通过记录情绪,可以有效地察觉自我情绪,缓解焦虑,并有时间更理性地去思考解决问题的办法。

2.我们想要找到问题的根源,需要和孩子有效沟通。可以从孩子喜欢的话题出发,通过聊天,拉近与孩子之间的距离,比如孩子喜欢玩"王者荣耀"就和他聊这款游戏。在你同孩子交流他感兴

趣的话题时,他更愿意与你沟通,从而更加信任你。当孩子开始信任你之后,我们就可以开始和孩子谈论如何正确地对待网络游戏。

3.我们要信任孩子。在管控孩子玩手机这件事情上,我们必须给予孩子足够的信任,让他相信自己能够有效控制玩手机的时间。要信任孩子能够战胜手机的诱惑,回归正常的学习。因为只有充分相信孩子,我们才会有足够的耐心去帮助孩子,家长们可能会说"这是我的孩子,我怎么会不信任他?可是他一次次辜负了我的信任!""我尊重他的私人空间,可他却利用了我的信任,在房间偷偷地玩手机、打游戏,学习成绩一塌糊涂……"这里,家长们所谓的"信任"都带有强烈的功利性,是一种命令、一种控制,他们本质上还是觉得孩子迷上了手机就完了,感觉天要塌了。然而,真正的信任不是因为孩子做到了,我们才相信他,而是因为我们相信他,他才能做到,我们必须不断调整自己的期待,去尊重、守护、引导孩子。

小 贴 士

如果希望孩子能重塑信心,父母需要给孩子充分的肯定,告诉孩子相比于结果,努力的过程更为重要,只要孩子不断在成长和进步,那么无论获得什么样的成绩,都是让父母引以为豪的。父母需要鼓励孩子从游戏中走出来。尽管投入现实,可能会遭受挫折和打击,会让自信心受伤,但这是走向自信的必经之道,一味逃避现实,只会让孩子的能力得不到发展,变得越来越自卑。

④　寻找替代物,减少手机依赖

案例

　　刚接触小东的时候,他还是个五升六年级的小学生,在游戏里,他已经快拿到最高段位了,但是在现实生活中,他却是让老师头疼、同学畏惧、父母恼怒无奈的孩子。

　　小东妈妈找到我的时候,整个人的状态用"心力交瘁"四字形容最为恰当。我问她,是什么让她不能接受孩子玩这个游戏?小东妈妈的回答令人忍俊不禁,第一,这个游戏太暴力太血腥了,动不动就拿人头送人头;第二,每天小东花在这个游戏上面的时间太

多了;第三,老师反馈小东的行为不光影响了自己的学习,还影响了班级其他几个男生。小东妈妈对于现在这个现象所采取的措施,就是"和尚念经",小东现在不愿意与她交流,经常一个人躲在房间里面和同学一起玩,任凭妈妈怎么敲门也不开,有时候连饭也不吃了,晚上饿了就等妈妈睡觉了去冰箱找剩饭剩菜吃。

专家锐评

根据相关数据调查,其实很多青春期的孩子,每次打完游戏之后的感受,无一例外都是"短暂的兴奋,之后就是无尽的失落和空虚",内心根本不充实。所以家长们,孩子玩游戏的感受并不像我们想象中的那么享受,孩子们的空虚、无助我们看到了吗?

小东对于游戏的迷恋时间要大幅度缩短,前提是妈妈愿意走近他、了解他,消除对他所玩游戏的误解,这才是妈妈应该迈出的正确的一步。如果方式不对,妈妈和小东只会渐行渐远,目标和努力的结果只会背道而驰。

青春期孩子的叛逆往往让家长十分头疼,很容易引起亲子之间的战争。面对即将步入青春期的孩子,家长在陪伴的过程中一定要针对孩子年龄的增长,陪伴方式也要进行相应的调整,进行相关的学习提升。这个年龄段的孩子是非常需要空间和信任的,所谓的空间不是纵容,更不是放纵,而是对孩子成长的尊重。自问,一个没有独立空间的孩子,每天都感觉窒息的孩子,会愿意与我们进行交流吗?而且没有独立空间的孩子,何来对家长的信任?没有信任,那么孩子和父母之间是没有办法正常沟通的。

在孩子目前的所作所为中,我们都要去尽力寻找孩子的闪光点以及孩子的优良品质。利用孩子之前的兴趣爱好是最容易激发孩子动力的,进而才能让孩子获得成就感。这份成就感是可以延展利用在其他方面的,例如学习、生活、待人接物。

现在很多父母都因为游戏问题与孩子闹得不可开交,这不仅破坏了父母和孩子间的亲子关系,也没有把问题解决好,得不偿失。正处在这个焦虑状态的家长,一定要客观冷静地思考与分析所遇到的问题,回忆一下孩子是什么时候开始陷入游戏中,找到根本原因,这个过程中,我们给予了孩子想要的帮助吗?

妈咪魔法棒

我建议妈妈抽出一天时间必须坐在小东旁边看他玩游戏半个小时,然后再告诉我,你看到了什么;另外,思考孩子的兴趣爱好,写3个出来。小东妈妈不解地点点头。

小东妈妈对于任务的回复是:我坐在孩子旁边半个小时了,游戏是一共10个人,都有自己的名字,所谓的拿人头其实也没有那么恐怖,只是一个推塔游戏(看得出妈妈当真是认真看了),至于小东的爱好,她列举了三点:1.跆拳道;2.修理家电;3.玩游戏。

根据反馈,我让妈妈去找来5件坏了的小家电给小东修理,并且让妈妈主动对小东说要学跆拳道,让小东教自己。在这个过程中,妈妈越来越了解小东,小东也对妈妈有了改观。由于其他爱好成功吸引了小东,分散了小东的游戏时间,让他的生活更加充实,自然而然,小东玩游戏的时间控制在合理范围内,同时小东也

感觉到妈妈对他的认可越来越多,否定逐渐减少。

小 贴 士

当孩子被虚拟世界吸引时,千万不要一味去"瞎想",家长只有去观察,去学习,才能真正了解孩子,找到与青春期孩子的共同话题。同时观察并客观反思孩子在现实中遇到的困境,给予孩子合适的帮助,孩子在虚拟世界的成就感,现实生活中也是可以感受到的,并且这种现实生活中所感受到的成就感会更加长久,牢固。

⑤ 不打不骂,家庭规则说了算

案 例

冉冉平时是个很有主见的孩子。有一次家里来了客人,妈妈一直在厨房里忙着做饭。冉冉和阿姨就在客厅,阿姨在看一本杂志,表面上,冉冉也在看书,实则将手机藏在了书本里,一直在偷玩手机。妈妈一出厨房,她就赶紧用书藏好手机。一家人吃过午饭后,妈妈和朋友坐着聊天。冉冉就在旁边玩手机。1小时后,妈妈发现冉冉一直玩游戏,呵斥道:"你怎么还在玩手机,赶紧去写作业。"冉冉说:"好,再等几分钟就去。"过了一会,妈妈催促道:"怎么还不去!"就这样反复催,冉冉就一直说等一会儿等一会儿。后来妈妈忍无可忍了,拍桌子道:"你再不去,等你爸爸回来了,我让

爸爸收拾你。"冉冉不高兴了，嘟囔了一句"每次都是拿爸爸来压我，有意思吗！"说完把手机丢在沙发上，把自己关进了房间里。

专家锐评

根据对冉冉家庭的观察，首先，我发现这个家庭是没有规则的，所以冉冉在玩手机的过程中，对遵守规则也完全没有概念。整个家庭都处于一种没有规则的状态，冉冉学习、看电视、玩玩具乃至玩手机，玩多久学习多久，都是不知道的，很模糊，根本没有清晰的概念，妈妈也是看到了就说一下，完全是看心情，心情好，玩多久都没事；心情不好，没得玩，只能学习。孩子整个的学习时间和娱乐时间都是看家长的心情，都是混乱的，在这样的家庭教育管教方式下，孩子的习惯、时间观念如何养成呢？

其次，妈妈采用的是独裁专制的方式来制止孩子玩手机，孩子绝对是不服气的，在孩子小的时候或许能起到短暂的作用，因

为孩子小的时候能量也小,对家长的反抗能力有限,就如冉冉现在只是和妈妈顶嘴,把房门关上独自生气,当家长一直用这种方式对待孩子,等孩子渐渐长大孩子能量更强大的时候,对家长的反抗就会很严重了,那时候可就不只是顶嘴和生闷气这么简单了。

最后,妈妈是没有边界意识的,孩子的娱乐时间并没有和孩子协商约定,发现孩子玩了一个小时手机,妈妈开始制止孩子,孩子立刻说"等一下",妈妈就不了了之了,并没有坚持拒绝孩子,而是任由孩子继续玩。孩子一直"等一会""等一会",正是因为妈妈没有坚持拒绝孩子,才导致孩子一再这样要求。

妈咪魔法棒

命令、责骂只是强行把自己的权威、要求施加给孩子,孩子的内心其实是抗拒的。不妨通过家庭规则的建立,来赢得孩子的合作。家庭会议是制定家庭规则非常好的契机,也更有仪式感。选择一个合适的时间,针对孩子手机上瘾的问题,确定会议主题。不要想着让孩子彻底摆脱手机,而只是通过规则,家人一起配合,约束孩子使用手机的行为。

家庭规则的建立:第一,与孩子沟通协商,共同制定家庭成员手机使用规则。规则制定不能是家长说了算,孩子是有参与权的,并且孩子对一件事的参与度越高,对这件事情的认可度也就越高,所以在制定规则时家长需要倾听和尊重孩子的想法。规则不能只针对孩子,需要家庭成员间共同执行,这样的家庭氛围中,孩子才能建立起规则意识,并在家人的带动下更好地执行,同时,这

也是督促家长言传身教,教育孩子以身作则,从自己做起。

第二,检视调整。在约定执行的过程中孩子和家人都一定会出现不适应的阶段,甚至是达不到约定要求的情况,出现这种情况后,一定不要否定那份约定,不要否定孩子,否定家人,而是要观察一段时间,确定约定内容对实际操作是否有难度,并检视难度存在的原因和具体在什么情况下会做不到后,家长和孩子一起协商讨论该如何调整,调整之后再检视新调整的内容是否能够达成。

第三,鼓励信任。每个人在面对新的改变时,都容易产生"不确定"的一种心态,不确定自己是否能做到,不确定是不是真的要这样做。尤其约定的内容是孩子最在意的手机,孩子的动力不一定能支撑他接下来的行动,这时候就需要鼓励,有鼓励才能有更多的动力。而很多家长也会持一种"不确定"的观望态度,凭着自己主观层面对孩子所谓的"了解",总会觉得"孩子也就三分钟热度吧,我看他能坚持几天"。这样的不信任是非常容易让孩子泄气的,坚持一件事情并不容易,不论是大人还是孩子,在约定执行的期间一定要做好对彼此的鼓励和信任。在改变的过程中,孩子会出现反复现象,比如说通过努力,孩子做到了并且坚持做到了一周,可是到了第二周孩子坚持不了了,这是非常正常的,因为从原本松散的状态进入到规则中来,孩子会不适应,孩子会觉得原来的状态会更舒服。在孩子的反复期,家长不能放弃,而是要继续鼓励孩子继续坚持,相信孩子一定可以继续坚持。

第四,守住边界。这一步骤家长一定要重视,因为很多家长很难做到这一步,很可能因为孩子软磨硬泡就松懈了,哭哭闹闹就

心软了,撒泼打滚就妥协了,无理取闹就放弃了。不论什么时候家长都需要坚持原则,守住边界,向孩子表明自己的态度,合理地拒绝孩子。当孩子意识到边界是不可轻易破坏的,自然也能继续保持为自己的承诺负责,为自己的行为负责。

小贴士

和孩子协商制定家庭规则后,当孩子违反约定时,家长要拒绝孩子,坚守边界坚决执行。激发孩子的契约精神,从而继续按照约定进行,为自己的承诺负责,为自己的行为负责。